VERDADES E CONCEITOS II

EDGARD ARMOND

VERDADES E CONCEITOS II

Editora Aliança

2ª edição, setembro/2000, do 6º ao 10º milheiro

Título

VERDADES E CONCEITOS II

Copyright 1982

Autor

Edgard Armond

Revisor

Maria Aparecida Amaral

Design Gráfico

Agênciaum

Capa

Sérgio Puga

Impressão

Vida & Consciência Editora e Gráfica Ltda.

Ficha Catalográfica

Armond, Edgard, 1894-1982
A763v Verdades e Conceitos I / Edgard Armond
2ª edição - São Paulo: Editora Aliança - 2000
168 págs.

1. Espiritismo 2. Espiritismo I. Título

CDD - 133.9

EDITORA ALIANÇA

Rua Francisca Miquelina, 259 - Bela Vista - São Paulo - SP
CEP 01316-000 - Fone: 3105.5894 - Fax: 3107.9704
www.alianca.org.br e-mail: alianca@alianca.org.br

Índice

Explicação Necessária ... 9

1 - Como evoluir mais depressa – I ... 11
2 - Como evoluir mais depressa – II ... 14
3 - Espiritismo e Cristianismo Primitivo ... 17
4 - Sectarismo ... 19
5 - Valores verdadeiros ... 20
6 - Dúvidas inúteis ... 23
7 - Advertências ... 26
8 - Rumos novos ... 28
9 - Transplante de órgãos ... 31
10 - Verdades positivas ... 34
11 - Circuitos elétricos do corpo humano ... 36
12 - Confirmações científicas ... 38
13 - Considerações sobre o sexo ... 41
14 - Enquanto é tempo – I ... 45
15 - Perguntas ociosas ... 47
16 - Hora de expansão ... 50
17 - Despertamento ... 51
18 - Horizontes do espírito ... 54
19 - Inquietação ... 56
20 - Meditação ... 57
21 - O mal das tensões ... 58
22 - A colaboração maior ... 60
23 - Mundos habitados ... 62

24 - Misticismo 65
25 - Um grande missionário 66
26 - A tradição espiritual 69
27 - Destinação 74
28 - Expansão doutrinária 75
29 - Não há alternativa 79
30 - Moisés 81
31 - Lendo se aprende e se serve 84
32 - Nem só de pão 86
33 - Cromoterapia e ciência 89
34 - Continuidade de ação 93
35 - Jesus voltará? 95
36 - Redenção pelo amor 98
37 - Efetivando a codificação 99
38 - Duas forças poderosas – I 101
39 - Duas forças poderosas – II
Um ideal para os jovens 106
40 - Pesquisas reveladoras 112
41 - Não sabem o que dizem 115
42 - Testemunhação evangélica 117
43 - As tarefas nos dias atuais 120
44 - Espiritualização 123
45 - Verdades sobre as Escolas de Aprendizes do
Evangelho 125
46 - Nos mesmos caminhos 127
47 - Mal comparando 129
48 - Novas formas de atendimento 131
49 - Enquanto é tempo – II 133
50 - Dirigentes de turmas 135
51 - Primeiro aniversário da Aliança 137
52 - Novas perspectivas – I 139
53 - Novas perspectivas – II 141

54 - Compreendendo melhor 144
55 - Cuidemos da boa planta 146
56 - Passo a passo 149
57 - Procedimento como discípulo 152
58 - Fraternidade dos Discípulos de Jesus 154
59 - Jornada de 75 155
60 - O valor da iniciação espírita 157
61 - 25º Aniversário da Escola de Aprendizes do Evangelho 159
62 - Instruções para atendimentos em geral 163

Explicação Necessária

Os assuntos tratados neste livro, exceção feita da parte doutrinária-religiosa, que é imutável, refletem conhecimentos e conceituação pessoal de várias épocas, a partir de 1940. A velocidade com que os fatos ocorrem na vida atual explica e justifica a desatualização de alguns deles.

São Paulo, 1982

O Autor

1

COMO EVOLUIR MAIS DEPRESSA – I

O CORPO ORGÂNICO

O perispírito, como matriz fluidomagnética, não se altera numa mesma encarnação: o mesmo, porém, não sucede com o corpo denso, que sofre alterações do tempo, de acidentes, de moléstias, de traumatismos morais.

Este corpo é sustentado por energias de diferentes origens: as provenientes dos Reinos da Natureza, pela alimentação; as da atmosfera, pela respiração; as do Cosmo (raios e ondas) e as do campo mental (esperança, vontade, fé) ...

— As primeiras interessam às células orgânicas na sua formação, sustentação, substituição e tendem a *densificá-las*, *animalizá-las*, como elementos próprios que são do mundo material.

— As absorvidas pela respiração queimam resíduos do metabolismo, vitalizam o sangue, dão calor ao corpo.

— As provindas do Cosmo penetram os chacras, passam aos plexos para ativarem as atividades nervosas.

— As que vêm do Espírito, através da mente, destinam-se ao comando do corpo e às relações com o mundo exterior, cujas impressões se concretizam no cérebro.

— E há, ainda, energias mais poderosas, de caráter ascensional, que sustentam o Espírito intimamente, como unidade inteligente da Criação, partícula divina obscurecida na involução, escravizada nas reencarnações pelos mundos materiais.

Há, pois, energias de *condensação celular*, retensoras de sintonia animal e outras, mais elevadas, que arrastam para cima, no ritmo ascensional.

O homem comum, ainda muito involuído, normalmente desconhece essas energias e submete-se a elas inconscientemente.

— As primeiras, vindas dos reinos naturais, materializam-no, ao mesmo tempo em que seus sentimentos, ainda inferiores, reproduzem o fenômeno no perispírito condensando suas moléculas fluídicas.

— Por causa disso são lentas e difíceis as reações psíquicas de caráter ascensional: o Espírito, de onde poderiam vir poderosos impulsos nesse sentido, está ainda incapacitado de emiti-los, porque são insuficientes seu entendimento e capacidade volitiva.

— Quando, com o tempo, trabalhado pelas vicissitudes e ganhando experiência, almeja por mudanças, nesse momento é que esclarecimentos sobre a necessidade de evangelizar-se ganham enorme importância e devem ser fornecidos com proficiência e boa vontade.

— Considere-se que mais de dois terços da humanidade planetária desconhecem tais esclarecimentos, não tiveram a ventura de recebê-los e ingressam nos planos espirituais completamente alheios às suas realidades.

Não nos referimos, é claro, à higiene pessoal ou qualquer outro cuidado de caráter exterior mas, sim, a fatores intrínsecos, dos quais o principal é a alimentação.

— Com a alimentação formada de produtos naturais ajudamos as células a se libertarem do processo de condensação que se mantém, sobretudo, pela ingestão de produtos animais, sejam de que espécies forem.

— A vibração desses produtos, principalmente a carne, transmite-se às células mantendo a densificação e o ritmo vibratório próprios do reino animal, dando à situação cada vez maior estabilidade e permanência. Esse processo de animalização, contrário aos impulsos ascensionais do Espírito, influi fortemente no psiquismo humano como elemento francamente retardador da evolução.

— De outra parte, como o organismo físico, conquanto perecível, deve também evoluir, tornando-se cada vez mais perfeito, é preciso combater esse processo de *condensação celular*, oferecendo ao Espírito encarnado um corpo cada dia mais delicado e sensível. Isso também ajuda o Espírito a evoluir.

Esta é a razão mais profunda ou científica que explica não ser aconselhável a alimentação carnívora em mundos baixos como o nosso, onde o elemento carne seja a massa constitutiva do corpo denso e os Espíritos que ali evoluem submissos às sensações dos sentidos.

No esforço de reforma íntima, eliminados que sejam os vícios comuns (fumo, álcool, etc.) e alterada convenientemente a alimentação, as células irão, pouco a pouco, se libertando da carga grosseira da vibração animal, desafogando-se e adquirindo uma tonalidade vibratória mais elevada e delicada; por outro lado aprimorar-se-á a sintonia entre corpo e espírito, facilitando e fortalecendo a atuação deste sobre os sentidos físicos e, ao mesmo tempo, a sensibilidade perispiritual, de tudo resultando, em conseqüência, mais rápido progresso evolutivo.

2

Como Evoluir Mais Depressa – II

Além da reforma íntima, a purificação depende, em grande parte, da dominação ou, no mínimo, do controle dos sentidos, das paixões e da formação de um "*status*" mental desprezador dos atrativos do mundo físico.

— Vários recursos podem ser utilizados e um dos mais simples e fáceis é a música. Não a música neurótica, irritante, sensual, dos nossos dias, mas a música fina, suave, das melodias ou a clássica dos mestres, que abrem, nas almas, portas largas à sensibilização; nem tampouco a música simplesmente técnica, exibidora de virtuosismo, mas a que fala aos sentimentos e os sintoniza com planos mais elevados, produzindo calma, serenidade, enlevo.

— A música é fator espiritualizante, que satura o mundo celular de harmonias e liga o conjunto corpo-espírito a planos mais elevados.

— O homem rude, primário, sintoniza com música de baixo teor vibratório, que lhe recorda as vidas primitivas, enquanto que o homem mais evoluído prefere a música inspiradora e delicada que leva para fora do mundo grosseiro da matéria.

— Ao mesmo tempo em que satura de harmonia o mundo celular orgânico, a música também eleva o tônus vibratório do perispírito, quando é sintônica.

— São também elementos sensibilizadores a pintura, a escultura e as artes em geral, através das quais a alma humana procura expressões acima do mundo material; como também os contatos estreitos e amiudados com a

Natureza, onde se manifestam, aberta e livremente, as forças da criação, o encanto e a beleza das cores, mas, sobretudo a mensagem comovente que está por detrás de tudo e que é a voz de Deus sem palavras.

— Estes são fatores que educam os sentidos e os desviam das sensações grosseiras e negativas, das emoções e dos desejos impuros que retardam a evolução, prendendo à matéria.

— Na sua luta de todos os instantes devem os aprendizes orar e vigiar, exercendo forte controle para repelir os impulsos maus, fiscalizar as atividades mentais para evitar que do subconsciente venham à tona reminiscências negativas do pretérito animalizado, de há muito acumuladas ali.

Para facilitar essas realizações, os aprendizes organizem um programa de ação pessoal, íntimo, segundo possam: escolham local e momento propício a estarem sós e cultivarem o silêncio; arranjem um fundo musical harmonioso, agradável, e façam ali meditações sobre assuntos e temas elevados e construtivos. Abram as portas da imaginação, focalizando previamente o que desejem de bom e de útil ao seu aprimoramento psíquico. Todas estas imagens irão para o subconsciente e trabalharão em silêncio para sua concretização em futuro breve; e em havendo mediunidade, com este regime, ela despertará mais facilmente, sem sobressaltos ou violências, porque os benfeitores espirituais terão mais facilidades para ajudar e orientar.

A evangelização verdadeira exige tudo isto que, aliás, é bem pouco, considerando-se os surpreendentes resultados que destes esforços de purificação advirão desde os primeiros dias.

Em resumo, para desenvolver a sensibilidade é preciso:

1) descondensar as células orgânicas, adotando alimentação natural, de produtos vegetais;

2) dominar os impulsos inferiores dos sentidos físicos, utilizando práticas adequadas, de refreamento e desviamento;
3) manter sintonia com o Plano Espiritual superior, sentindo, pensando e agindo sempre pelo Bem.

Considerem, porém, os aprendizes o seguinte: desde que se disponham a purificar-se de corpo e espírito e a combater o Mal a começar de si mesmos, passam a ser automaticamente agentes operantes do Bem, tornando-se, desde logo, alvos das forças das sombras.

Como defesa devem armar-se de compreensão, fé e humildade, sem o que não vencerão a batalha de desejos, paixões e ambições, contra sua capacidade de renúncia e sacrifício.

Em textos de sabedoria antiga lê-se isto: "Como a fumaça envolve a chama, a ferrugem o metal e o útero materno a criança que vai nascer, assim o homem do mundo é envolvido pelos desejos".

Como os desejos, em geral, têm sua sede nos sentidos e na imaturidade do Espírito, neste esforço de purificação grande poder tem a mente, através da qual o Espírito manifesta sua vontade, conduz o corpo e utiliza a razão, para discernimento das coisas que o rodeiam: o Espírito, o elemento dominante do maravilhoso conjunto humano, o senhor do sistema, que possui as virtudes potenciais da própria Divindade Criadora, da qual derivou e recebeu a graça da vida imortal.

Estes são fatores que asseguram todas as vitórias, mas não sem luta...

3

ESPIRITISMO E CRISTIANISMO PRIMITIVO

A missão do Espiritismo, em si mesma, contém a revivescência do Cristianismo Primitivo e é natural, portanto, que reafirme conhecimentos de caráter geral como, por exemplo: a imortalidade da alma, a lei da reencarnação, o resgate dos débitos de vidas anteriores e outros que eram ensinados e admitidos por Jesus.

No Novo Testamento encontram-se várias afirmações de Jesus nesse sentido, o mesmo acontecendo com as obras dos sucessores, inclusive de padres da Igreja Cristã desse tempo e que propagavam a doutrina nessa base conceptual, seguindo os mesmos rumos.

Destes últimos citaremos apenas quatro, dos mais autorizados, a saber: Clemente de Alexandria, Inácio de Antióquia, Justino, o Mártir (todos santificados pela Igreja) e por último Orígenes, o mais conhecido; e o próprio Jerônimo, que fez a codificação do Evangelho na chamada Vulgata Latina, era partidário desses conhecimentos e, por isso, corajosamente os conservou na Vulgata.

Somente no século VI, no Concílio II de Constantinopla, reunido no ano 553, foram estes ensinamentos refugados e declarados heréticos por conveniência particular da Igreja Católica e perseguidos e exterminados todos aqueles que os propagassem ou neles cressem; e até hoje a decisão é mantida.

Nenhuma necessidade, portanto, existe, de citar a Índia, o Egito ou a Pérsia, como fontes diretas desses conhecimentos para o Espiritismo e quando, agora, os propagamos, estamos dentro da mesma linha iniciática cristã que vem diretamente de Jesus; e, em conseqüência, nenhum temor dos termos *esoterismo*, *ocultismo* ou quando são empregados os termos tão conhecidos de reencarnação, carma, etc., pois que as verdades espirituais são sempre as mesmas, conquanto apresentadas muitas vezes de formas e com nomes diferentes. Jesus, a seu tempo, ratificou-as, transmitindo-as a seus discípulos, em caráter reservado e o Espiritismo, hoje faz o mesmo, porém revelando-as a plena luz, na praça pública.

4

SECTARISMO

O espírita esclarecido jamais é exclusivista ou sectário, porque o sectário é fanático e, portanto, espiritualmente inferiorizado; bem ao contrário, deve ser liberal, idealista e de mente universalizada, tanto nos conhecimentos como nos sentimentos, porque o fim da evolução é o universalismo do amor na unidade em Deus; e em Deus não há privilégios: todos são seus filhos e possuem os mesmos direitos e perante Ele somente valem as perfeições do Espírito e não as crenças humanas limitadas, presunçosas, precárias.

O guia espiritual soberano deste orbe é Jesus e ele disse que seus discípulos e seguidores seriam reconhecidos pelo muito que se amassem; e na separação do sectarismo, no fanatismo exclusivista religioso ou doutrinário não há amor, mas orgulho, presunção, hostilidade e, nesse clima malsão, hipócrita, Jesus não está presente.

Mas na Doutrina dos Espíritos Jesus está sempre revelado na contextura doutrinária, na essência moral e religiosa, nas leis divinas que regem o Universo, no intercâmbio entre os mundos, na palavra esclarecedora e evangelizada dos protetores e guias; mas o mesmo nem sempre se dá com os adeptos, que adotam o letreiro mas não o conteúdo doutrinário; disputam postos de direção mas não sabem se dirigir a si mesmos; arvoram-se em diretores e guias, mas conservam no rosto a máscara da dissimulação, porque pregam mas não fazem e suas almas são impuras nos sentimentos e pensamentos.

Com estes também Jesus não está.

Para o verdadeiro espírita a humildade vem em primeiro lugar e a sinceridade em segundo, porque amor sem isso é hipocrisia e fingimento e onde não há amor não há verdade.

5

VALORES VERDADEIROS

O esoterismo em geral — conhecimento interno e meditado de doutrinas, com práticas de auto-realizações mentais — possui inegável valor iniciático e representa preciosa contribuição à compreensão e à prática do Espiritismo porque, entre outras coisas, permite conhecer as ligações que entre ambas as doutrinas existem e como se entrosam nas bases dos conhecimentos que difundem; isto reduz grandemente os exclusivismos sectários, o fanatismo e as superstições.

Por outro lado seu estudo demonstra de forma evidente que, no atual estado de evolução dos homens deste planeta, o Espiritismo é a doutrina mais avançada, a mais simples, acessível e adequada.

O conhecimento do esoterismo concorre a que os espíritas se acomodem e percebam que possuem o melhor e o mais conveniente, não havendo, por isso, necessidade ou utilidade em procurar fora, conhecimentos e orientações mais úteis e perfeitas.

Respeitemos cada doutrina ou religião como se apresentam, porque todas desempenham determinado papel e prestam determinado serviço na evolução humana, pois que a difusão é feita segundo a gradação dos conhecimentos; somente nos mundos superiores o conhecimento se unifica.

O esoterismo cerca-se de mistério dando a entender que possui elementos e possibilidades mais poderosos de iniciação, quando o certo é que esta se restringe, quase sempre ao campo do mentalismo — criador de egolatria ou de separação — sabendo-se por outro lado que para realizações objetivas e reais, as decisivas são as do campo mediúnico e as da Evangelização, como o

Espiritismo ensina e pratica. Fora disso tudo é relativo porque nenhuma doutrina pode oferecer ao homem poderes espirituais que ele já não possua potencialmente e cujo desenvolvimento, pelo esforço que exige, tempo e perseverança, se tornam por fim decepcionantes se não tiverem o caráter sacrificial evangélico, que caracteriza as práticas espíritas.

Realmente, no terreno iniciático, são muito ilusórios os recursos simplesmente teóricos ou especulativos e os forçamentos para uma ascensão muitas vezes utópica. Enquanto o esoterismo é um conjunto de conhecimentos privativos e facultativos, oriundos de muitas seitas e doutrinas, o Espiritismo é uma síntese doutrinária de caráter popular, animada de grande poder redencionista, que exige uma preparação íntima altamente custosa, visando uma vivência evangélica, de efeitos decisivos e seletivos no progresso espiritual de cada adepto.

Todas as doutrinas e religiões explicam as coisas como podem, algumas mesmo, de forma bem infantil, e todas desempenham, como já dissemos, tarefas na evolução da humanidade.

Mas em relação aos pontos essenciais como, por exemplo, o intercâmbio entre os mundos pela mediunidade, umas o negam e outras o aceitam em parte, havendo, ainda, outras que não sabem o que dizer, por não conhecerem o assunto com profundidade.

Quanto ao Espiritismo ele ensina e demonstra objetivamente essa realidade, e torna-se, portanto inútil qualquer teoria tendenciosa ou negativa contra fatos concretos. Quanto mais se nega a existência dos Espíritos e suas interferências em nosso Plano, mais eles se manifestam; quanto mais se negam essas manifestações, mais elas se multiplicam por toda parte, de muitas formas e, por fim, nem mesmo fechando os olhos e tapando os ouvidos, se conseguirá empanar o brilho da luz poderosa e os clamores que vêm dos céus, ou demolir o edifício solidíssimo que a verdade espiritual vai levantando no mundo inteiro, porque estamos nos aproximando dos momentos cíclicos do selecionamento humano e o que a Doutrina tem em vista é orientar e evangelizar o maior número possível de pessoas, enquanto é tempo.

O Espiritismo possui uma força intrínseca evidente e poderosa que se manifesta em resultados imediatos e se demonstra capaz de produzir mudanças verdadeiramente extraordinárias na intimidade mais profunda daqueles que se dispõem a segui-lo.

Se os intelectuais ainda se comprazem em filosofias abstratas e entretenimentos especulativos estéreis, as grandes massas do povo exigem diretrizes seguras, atendimento satisfatório para suas necessidades materiais e soluções prontas e aceitáveis para seus problemas espirituais.

E o Espiritismo pode oferecer tudo isso.

Podemos dizer que assim como o conhecimento nuclear permitiu à ciência dar um grande salto para frente no campo material, a Doutrina dos Espíritos abriu horizontes imensos e francamente acessíveis ao apressamento da evolução espiritual.

6

DÚVIDAS INÚTEIS

Jesus — a maior expressão de poderes divinos conhecida pela humanidade — o guia e mentor soberano da Terra, pregou uma doutrina que jamais passará, pela simples razão de que traduz verdades eternas e universais.

— Atualmente as religiões estão todas inquietas e sentem faltar-lhes a antiga estabilidade; o chão lhes treme sob os pés, no ocidente como no oriente. Por isso movimentam-se, reúnem-se, confabulam e procuram atualizar-se face à evolução do mundo.

— Mas atualizarem-se em torno a que doutrina, a quais conceitos ou regras?

— Se todas estremecem nos seus alicerces e se desorientam é porque não representavam a verdade, sendo fácil compreender que essa atualização deve ser feita em torno a conceitos novos, mais evoluídos, ou em torno a uma religião nova, mais perfeita, mais racional e lógica. E qual será esta senão aquela prometida pelo Divino Mestre e que deveria vir no futuro para conduzir a humanidade pelos caminhos justos da redenção?

— Essa que veio é a Doutrina dos Espíritos, que se apresentou com caráter tríplice de ciência, filosofia e religião, e que já está sendo espalhada pelo mundo todo.

— E como poderia deixar de ser assim? Como desprezar o acervo enorme de conhecimentos intelectuais e revelações armazenadas nas correntes filosóficas? Ou as conquistas extraordinárias e impressionantes da ciência materialista?

— Estes três setores devem, segundo a própria doutrina informa, se confirmar mutuamente e mutuamente se completarem, evidenciando a Verdade em toda sua amplitude e esplendor.

— Tudo isso foi muito bem considerado e posto em evidência na codificação magnífica elaborada por Kardec e de sobejo demonstrada ao mundo.

— Mas o que Jesus pessoalmente ensinou ao homem retardado de há dois mil anos e que forma a base do triângulo é o que consta do Evangelho, forma a parte religiosa da Doutrina e é oferecida ao homem atual como o único recurso capaz de promover a redenção da humanidade, irmanando todos os homens e todas as religiões decadentes.

E poderá haver redenção fora desse texto maravilhosamente claro e inspirador que é o Evangelho? Porventura na filosofia, com as suas especulações intermináveis e discordantes ou na ciência, com o seu materialismo frio que dia por dia se afirma e se ensoberbece, quanto mais domina e se afunda no mundo material transitório?

— Claro que não: somente o Evangelho tem em si mesmo *condições de redenção* porque, mesmo que inculto, mas redimido na parte moral, o Espírito incessantemente se esclarece no sentido intelectual e não há, portanto, parada evolutiva; e ao contrário, não havendo se realizado na parte moral, religiosa, mesmo quando haja conseguido nas outras partes, não logrará redimir-se.

Portanto, para o momento que vivemos, as atividades religiosas da Doutrina são as mais importantes.

Consideremos porém que, como doutrina completa que é, a Doutrina dos Espíritos, como já dissemos, é também filosofia e também ciência.

Mas que filosofia? Diferente porventura daquela que o mundo conhece, que a mente humana atingiu? Não: é semelhante a ela, porém a movimenta e a desentoca do seu castelo encantado e especulativo e lhe oferece um mundo novo, dinâmico e uma atividade realizadora até aqui desconhecida.

E a ciência que a Doutrina traz é diferente da ciência

acadêmica, tão ativa e poderosa que já agora está escalando os céus? Não: é a mesma ciência porque consigna e demonstra as mesmas leis universais divinas, leis que não mudam, mas somente se particularizam à medida que se deixam revelar aos homens.

O que há, pois, de diferente, que a Doutrina oferece e que as religiões e filosofias não puderam fazê-lo com a capacidade necessária para redimir o mundo? Eis aqui: a democratização, a popularização da vivência dos ensinamentos de Jesus, no seu caráter de Cristianismo Primitivo; a capacidade de transformar o homem, no campo moral, pela noção profunda da responsabilidade pessoal dos atos e que independe de ritos, fórmulas ou crenças; as revelações amiudadas e racionais sobre a vida humana nos planos espirituais; o intercâmbio constante pela mediunidade, que é o agente mais poderoso e autêntico da revelação entre os planos espirituais diferentes e os seres que os habitam; o auxílio incessante que recebe das entidades espirituais que assistem à humanidade, como protetores e guias; o alimento constante da fé, a consolação no sofrimento, a esperança na morte e a certeza da ressurreição em planos espirituais mais perfeitos; e tudo o mais que os homens encarnados recebem como auxílio para sua jornada evolutiva e que representa o cumprimento da Promessa messiânica: tudo isso pertence ao Espiritismo religioso e assegura a sua incontestável prevalência.

7

ADVERTÊNCIAS

Um inspirado Instrutor espiritual disse que todos esperam ser compreendidos, atendidos, escutados, mas são tardios no compreender as verdadeiras realidades da vida espiritual, às quais todos estamos sujeitos.

Inúmeros arvoram-se em julgadores, mestres autorizados, críticos de atos alheios, mas conservam-se alheios às próprias limitações, distanciados da verificação de si próprios, esquecendo-se da sábia advertência de Tiago — o maior —: "não vos transformeis em mestres, pois seremos todos julgados com severidade".

É preciso, pois, cautela quanto ao que iremos dizer, ensinar, sugerir, em todos os casos e circunstâncias, porque corremos sempre o risco de propalarmos inverdades, não sermos ouvidos, sermos contestados, ou sermos ouvidos e dizermos coisas de conseqüências maléficas para os que nos ouvem.

Sempre houve mestres e guias estultos, levianos ou presunçosos que levaram os homens por maus caminhos, sem medir as responsabilidades tremendas do que fizeram. Por isso é bom sempre examinar o que se diz, sobretudo tendo em vista tais conseqüências e responsabilidades futuras.

E menores não são os riscos para aqueles que trabalham na difusão da Doutrina dos Espíritos nos nossos dias, porque o campo está aberto, nem sempre se podendo selecionar os trabalhadores.

Atualmente as portas da revelação, que se mantiveram fechadas por muitos séculos de ignorância e fanatismo religioso, abrem-se de par em par em cumprimento às promessas de Jesus, para que as verdades espirituais sejam acessíveis a todos os homens, acima de separações, credos, seitas, religiões ou movimentos doutrinários de qualquer espécie. O Espiritismo — um desses movimentos mais recentes e expressivos —, a doutrina mais poderosa no campo das realizações evangélicas veio para arejar, iluminar os horizontes espirituais da Terra. No seu caráter cósmico, universalista, independente, não se compatibiliza com transigências, protelações, farisaísmos: aponta o caminho único da redenção, da reforma íntima e, por isso mesmo, não se prende a tradições, preconceitos religiosos, ou ortodoxias retardadoras de qualquer natureza.

8

Rumos Novos

Logo após a Codificação do Espiritismo cientistas de vários países interessaram-se pelo evento, dedicaram-se a estudos e experimentações demorados e, publicamente, autenticaram a veracidade dos fenômenos de efeitos físicos e mediúnicos, ao mesmo tempo em que valores intelectuais de alto mérito realizavam trabalho idêntico, no setor filosófico, e congressos reunidos em vários países da Europa debatiam detalhes, examinavam os diferentes aspectos doutrinários, face a outras crenças e religiões proclamando, por fim, o reconhecimento do Espiritismo como uma doutrina independente e completiva, muito mais avançada e esclarecedora que a totalidade das seitas e credos existentes.

Estava, pois, o Espiritismo lançado no mundo, exatamente nos termos, natureza e características esboçadas pelo insigne Codificador Allan Kardec, pronto para iniciar sua gloriosa trajetória espiritual redentora, a mais adequada ao estado e condições evolutivas da humanidade, porque, não só prolongava e completava o conhecimento até então adquirido, como se ajustava aos avanços consideráveis da ciência acadêmica e visava, sobretudo, a verdadeira transformação moral dos homens, nos termos que o Evangelho cristão estabelecia.

Mas, o que aconteceu desde então? O que acontece a toda nova orientação que se tenta imprimir ao pensamento humano estratificado pelo tempo: sofreu perseguições, desprezos, repúdio por grande parte dos homens e isso levou os adeptos, mormente os mais tímidos e atemorizáveis, a se absterem da luta, escudando-se atrás do caráter dito como científico da doutrina, sem levarem em conta as reservas prudentes do sábio Codificador passando, a seu turno, a minimizar a feição mais importante, que é a religiosa, preferindo o campo das manifestações fenomênicas, que não são atividades construtivas e não se incluem no rol dos conhecimentos e das práticas redentoras, que caracterizam a doutrina.

A conseqüência disto, no tempo, foi que a doutrina permaneceu durante cem anos em uma rotina pouco expressiva, perdendo tempo altamente precioso, até mais ou menos nos meados deste século, durante cujo período foi relegada a um papel secundário, limitando-se os adeptos a estudos de gabinetes, palestras filosóficas em alguns núcleos mais dinâmicos, sessões de efeitos físicos e de doutrinação de sofredores, leituras ligeiras de interpretação evangélica sem maiores conseqüências na intimidade dos ouvintes e ações isoladas de beneficência material ou espiritual, tudo isso muito aquém das necessidades espirituais das massas humanas, que seriam, aliás, seu verdadeiro campo de ação, para que como doutrina correspondesse a sua gloriosa destinação cósmica na Terra; os adeptos permanecendo com um teor precaríssimo de conhecimentos doutrinários, sem nenhum esforço deliberado, da parte dos dirigentes, visando promover as transformações íntimas exigidas pelo Evangelho de Jesus.

Enquanto isso, seitas paralelas livremente se expandiam por toda parte, deitando raízes fundas no coração do povo humilde e inculto, altamente necessitado de orientação e aconchego espiritual. Essa expansão, fenômeno natural de povos de cultura incipiente, nada tem de desmerecedora ou condenável, do ponto de vista espiritual, porque preenche lacunas e necessidades passageiras, porém, em nosso país, o que se observa, infelizmente, é que essas seitas tomaram o lugar iniciático e educativo que competia ao Espiritismo, muito mais apto a oferecer conhecimentos mais avançados e mais perfeitos. Essa situação é também uma conseqüência da orientação enganosa e do tempo perdido anteriormente.

Foi considerando todas estas circunstâncias que, a partir de

1940, foram tomadas iniciativas destinadas a mudar os rumos do movimento estagnado, entre outras, criando as Escolas de Aprendizes do Evangelho e de Médiuns que, rapidamente se desenvolveram e se expandiram desde os primeiros dias, preenchendo as falhas mais consideráveis. A primeira, escola para orientar e auxiliar os adeptos a realizarem a sua reforma íntima, o mais poderoso e singular recurso de evangelização, e a segunda, para preparar e orientar os tarefeiros do intercâmbio destinado a manter aberto os canais da revelação.

Essas providências marcaram os novos rumos do Movimento Espírita em nosso país, permitindo não só a recuperação do tempo perdido como também que a Doutrina reflorescesse com alto dinamismo, como força nova e poderosa, apta a oferecer às legiões de adeptos os recursos e meios de que necessitavam para se redimirem deste mundo de provas e expiações, e ao mesmo tempo garantir ao nosso país as possibilidades de realizar sua altíssima destinação espiritual no mundo moderno, para que assim também possam ter cumprimento as palavras do Divino Mestre quando disse que "quando a boa nova do Evangelho fosse levada a todos os povos, então chegaria o fim".

Portanto o Espiritismo agora — havendo a necessária compreensão por parte de todos — poderá seguir o seu destino com segurança, rapidez e plena autoridade moral, certos todos os adeptos e dirigentes de que não há outro caminho, na emergência que vivemos, senão este, representado pelo Espiritismo religioso, isto é, a vivência evangélica, em espírito e verdade, conforme Jesus ensinou e exemplificou.

9

Transplante de Órgãos

O transplante de órgãos do corpo humano está impressionando o mundo, tornando-se assunto obrigatório da imprensa, ao mesmo tempo em que vozes isoladas de cientistas e líderes religiosos se fazem ouvir, aqui e acolá, advertindo sobre o excesso do alarde que se faz considerando o fato como a maior conquista da cirurgia deste século.

Conquanto somente um dos vários pacientes até agora tenha logrado sobreviver, os médicos asseveram que continuarão nas tentativas, garantindo resultados satisfatórios em breve tempo; e considerando o que, habitualmente sucede com as experimentações científicas, precárias no início e mais tarde aperfeiçoadas e vitoriosas, é de crer que o mesmo venha a suceder com os enxertos de vísceras do corpo humano.

Mas, se é essa a perspectiva no campo material, conviria indagar se o mesmo se dará no setor espiritual: nenhum óbice ou impedimento surgirá alterando os resultados dessa escalada científica?

Pensamos que realmente haverá dificuldades porque a audácia científica, como, aliás, sucede com tudo o mais, não poderá ultrapassar determinados limites visto que, neste caso em foco, não será somente a manipulação do material orgânico que ocorre mas, também, as repercussões dessa interferência nos órgãos matrizes do perispírito que, com o corpo carnal, forma o complexo psicossomático ainda não penetrado pelo homem.

Se um cirurgião corta um membro ou extirpa um olho é certo que o doente continuará a viver, apesar da mutilação anatômica, sobretudo porque se trata de órgãos ou membros pares, conquanto, mesmo assim, no setor perispiritual haja desequilíbrios, não-constáveis, aliás, no campo material, porque já não haverá mais correspondência no corpo humano para os impulsos eletrônicos advindos dos mesmos órgãos matrizes que, no perispírito, continuarão a existir; mas se a mutilação atingir órgãos únicos então o desequilíbrio será muito mais sério, interessando a todo o conjunto orgânico nos dois planos.

Nestes casos de enxertos de coração, órgão único e vital, no qual qualquer irregularidade ou mutilação põe em risco imediato a vida do corpo físico, neste caso, mesmo quando o cirurgião utiliza processos hábeis de funcionamento provisório, as implicações psíquicas são mais profundas, porque esse órgão que, no campo material, movimenta o sangue, mantém o calor e alimenta as células, no plano espiritual polariza os sentimentos do Espírito encarnado, seus impulsos afetivos, sua sensibilidade anímica, fatores de considerável importância na vida interna e na de relações individuais.

Todo o conjunto orgânico é ajustado a essas circunstâncias desde a disposição dos genes nos cromossomos; nos primórdios, ainda, da vida fetal, ocorre uma afinição dessas circunstâncias ao metabolismo orgânico geral, estabelecendo-se uma sintonia vibratória equilibradora.

Nestes casos de transplante é preciso, pois, considerar várias circunstâncias delicadas, como entre outras: os diferentes teores vibratórios dos organismos confrontados; seus diferentes caracteres psíquicos e sensibilidade espiritual; os programas encarnativos de cada um deles que marcam limitações, resgates, prazos de vivência, etc.

Por isso, se a parte anatômica é de relativa e fácil transposição, o mesmo não sucede com a parte fisiológica que, no pós-operatório, poderá manifestar dificuldades imprevistas advindas, quase sempre, desse complexo psíquico, jamais levado em conta pelos operadores materialistas.

Em resumo

Assim como nas simples transfusões é necessário aplicar sangue do mesmo tipo e mesmas características biológicas, havendo sempre, mesmo assim, ocorrência de imprevistos por circunstâncias imponderáveis, nos transplantes, ainda com muito mais rigor, serão necessários, além dos cuidados e exigências materiais, órgãos do mesmo teor vibratório, vindos de indivíduos mais ou menos afins e com semelhantes disposições cármicas o que, como sabemos, é de dificílima determinação, fora do campo espiritual, sobretudo quando se trata de órgãos pertencentes a indivíduos de sexos diferentes quando, então, essas circunstâncias têm incidência mais profunda, porque a sensibilidade psicossomática das mulheres já é reconhecida como mais delicada e diferente nos teores vibratórios perispirituais e na polarização eletromagnética dos organismos confrontados.

Por tudo isso se conclui que o êxito dessas intervenções depende também e em grande parte, de fatores e circunstâncias que se situam em terreno fora do alcance dos cirurgiões materialistas ou não possuidores de conhecimentos espirituais, que pesarão muito nos resultados finais das tentativas.

Subscrevendo estas ligeiras considerações devemos ressalvar, desde logo, a hipótese de que tais experimentações sejam do interesse do Plano Espiritual Superior, caso em que ficariam a seu cargo (como é óbvio) a orientação e o controle das implicações psicocarmáticas, desaparecendo os empecilhos já apontados no trabalho dos cirurgiões no campo material.

10

Verdades Positivas

Hoje, com o Espiritismo, sabemos com segurança o que, para as nossas vidas, representa valores verdadeiros e o que se torna secundário. Cessou para todos o longo período de buscas e incertezas angustiosas.

Por mais que os sábios falem ou escrevam; os filósofos argumentem, os materialistas entronizem a ciência, esta diariamente devassa novas áreas de conhecimentos, oferecendo-nos os mais surpreendentes resultados de seu labor, a única coisa que realmente possui valor intrínseco e perdurável, como recurso de redenção para a humanidade deste nosso planeta torturado, é o reconhecimento do Evangelho cristão e sua vivência no sentido espiritual construtivo.

Não serão os sábios, os poderosos, os senhores do intelecto (se não forem mais do que isso), que *passarão para a direita do Cristo*, no julgamento inevitável; nem os que egoisticamente usufruem do mundo os bens que ele dá; nem os fazedores de obras de aparato, que disfarçam intuitos de grandeza própria; nem os que são insensíveis às necessidades e misérias do próximo, engordando com elas; mas somente os que têm o Evangelho como norma de ação na conduta reta e justa e os que lutam pela conquista de virtudes espirituais, visando o amor para todos os seres, como Jesus ensinou e exemplificou.

E mesmo quando tanto não se alcance, porque fracos todos somos, mas, havendo sinceridade e devotamento, que pelo menos se possa morrer na tentativa edificante.

Não haja, pois, ilusões e dúvidas: a redenção será para os

que têm Jesus no coração, como uma chama viva que queima purificando, dando forças para sofrer, ou como uma esperança que salva, dando fé para perseverar e vencer.

Voltar-se, pois, o aprendiz, para os horizontes do mundo espiritual, eis o que é preciso fazer, fugindo a uma infeliz e temerária perda de tempo; desprender-se do mundo material no que ele dá como alimento a desejos, ambições, paixões e outros valores negativos, que satisfazem os sentidos físicos mas enodoam as almas, eis como o aprendiz do Evangelho pode vencer o mundo, triunfar sobre sua própria inferioridade e se afirmar desde já como um ser imortal que, nascendo de Deus, em Deus vive e eternamente viverá.

11

Circuitos Elétricos do Corpo Humano

Em várias publicações e trabalhos práticos temos nos referido a circuitos elétricos do corpo humano, cujo conhecimento melhora o trabalho de passes e as correntes de cura e é assunto conhecido desde a mais remota antiguidade. Agora vemos como a ciência acadêmica, nos nossos dias, atinge as mesmas conclusões e utiliza esses circuitos para suas aplicações médicas.

Transcrevemos a publicação de "O Estado de S. Paulo" sob o título "Eletricidade do ser vivo" na sua página de assuntos científicos, como segue:

> *COLLEGE PARK, Maryland — ("Reuters") — A descoberta de uma débil fonte de energia elétrica, até agora não-identificada, na corrente sangüínea de um animal vivo, poderá revolucionar o desenho dos reguladores eletrônicos implantados em certos pacientes, para controlar e estimular o ritmo cardíaco. A descoberta foi feita por um grupo de cientistas pesquisadores da Universidade de Maryland. Suas experiências preliminares indicam que nesta fonte se produz energia suficiente para acionar um regulador. Os líderes do grupo, Dr. Adam Cowley, da Escola de Medicina, e Dr. Mostafá Talaat, do Departamento de Engenharia Mecânica, acreditam que a nova fonte poderá proporcionar um suprimento energético permanente e digno de confiança.*
>
> *Atualmente, os reguladores em uso são acionados por pequenas pilhas inseridas no organismo do paciente e que têm de ser substituídas periodicamente, para o que se faz necessária uma intervenção cirúrgica.*

Em um relatório liberado pela Universidade de Maryland, o Dr. Cowley afirma que a descoberta de energia elétrica dentro do próprio corpo seria "de grande valia para a medicina", não somente para os reguladores, mas também para "futuros aparelhos elétricos a serem usados no corpo".

Embora não saibam precisamente como se produz a energia, o Dr. Cowley e o Dr. Talaat acreditam haverem descoberto um "verdadeiro suprimento de energia bioelétrica".

12

Confirmações Científicas

Em 1950, para a organização do livro "Iniciação Espírita", muitas vezes foi necessário avançar conhecimentos para valorizar o empreendimento, tomar posição, fugindo à estagnação rotineira e à vulgaridade das acomodações...

No capítulo sob o título "Estudo dos seres e das formas", foi exposta a evolução da mônada espiritual nos três reinos da Natureza em nosso globo mostrando como após a "descida", na involução, ela inicia, nos reinos inferiores — mineral, vegetal e animal — o movimento ascendente, de volta aos mundos de origem, desenvolvendo lentamente, por milênios, primeiramente a sensibilização anímica, depois a organização perispiritual e, por fim, a ação consciente e responsável no campo da vida universal.

Esse primeiro estágio — a sensibilização — para os materialistas, que somente admitem a realidade grosseira da vida orgânica, não passaria de uma simples suposição ou fantasia, mas vemos agora, muito mais depressa do que esperávamos, que a própria ciência materialista vem proclamar a realidade desses fatos, oferecendo ao mundo um testemunho valioso e uma confirmação categórica, insuspeita, conquanto ainda não oficializada.

Sob o título — "*sensibilidade dos vegetais*", o jornal "O Estado de S. Paulo", em sua edição de 5 de maio findo, na página dedicada aos avanços científicos, transcreve as experiências do físico nuclear alemão Dr. Erwin Kapplan, da Universidade de Zurique, na Suíça, cujo resumo é o seguinte: servindo-se do detector de reações emocionais dos seres humanos, uma de cujas aplicações práticas é o "detector de mentiras", o aparelho mede a densidade e a natureza do fluxo das energias vitais do corpo humano e, pela interpretação dos gráficos resultantes, permite verificar a espécie de pensamentos e de emoções revelados pela pessoa examinada o que, na realidade, vale como um teste indiscutível, porque surpreende tais verdades no mais íntimo do ser e não está sujeito à vontade momentânea deste.

O físico alemão ligou o aparelho a um pé de tomate e regulou-o até sintonizar com as vibrações normais da vida manifestada pelo vegetal examinado, cujas conclusões anotou. Espetou depois um prego fino a um dos frutos do tomateiro e verificou que a agulha do aparelho deu um estremeção e começou a subir rapidamente; comparando em seguida esse gráfico com os obtidos com pessoas humanas em provas idênticas, constatou que as indicações eram de igual forma de ansiedade, sofrimento e medo da morte.

Repetiu as experiências de muitas formas e as conclusões finais a que chegou foram que a planta sente e pensa, preocupando-se com suas possibilidades de vida e de morte, semelhante ao que sucede em se tratando de seres humanos.

Retirando em seguida o prego verificou que a planta permanecia demoradamente presa de perturbações análogas às demonstradas por seres humanos em casos semelhantes, sobretudo para o lado do sistema nervoso.

Estudou as plantas em termos de psicologia humana, fazendo comparações e mostrou como os diferentes ambientes bons ou maus influem também sobre elas, fazendo-as definhar ou robustecer-se, animar-se ou descer em vitalidade; verificou também como demonstram ser mesquinhas ou generosas, em retraimentos ou expansões, tranqüilas ou agitadas, hostis ou acolhedoras, segundo o que recebem ou captam do ambiente exterior, ou dos contatos com pessoas ou objetos.

Mostrou como os ambientes alegres e principalmente a música, influem sobre elas no seu aspecto, no crescimento, na produção de flores e de frutos. Sempre analogicamente demonstrou que elas sofrem de moléstias próprias dos seres humanos como, por exemplo, obstruções circulatórias, esgotamentos nervosos e outras; como são sensíveis ao amor, aos cuidados, às atenções e como reagem, hostis, em defesa própria, nos casos de violências ou grosserias.

Sendo já do conhecimento comum que as plantas, nos mundos mais adiantados, são acolhedoras, vivazes, carinhosas, para aqueles que delas se aproximam, nada há a estranhar sobre as inspiradas conclusões a que chegou o cientista alemão que assim, cientificamente, confirma as revelações espirituais sobre a evolução da mônada nos reinos inferiores em busca da sensibilização progressiva nos termos mais ou menos em que a matéria foi exposta na série Iniciação Espírita, na Federação Espírita do Estado de São Paulo; e isso também, ao mesmo tempo, prova a existência do elemento espírito, no âmago e por detrás de tão interessantes fenômenos.

13

CONSIDERAÇÕES SOBRE O SEXO

No esforço de espiritualização, que as práticas espíritas evangélicas tornam mais objetivo e de resultados realmente positivos, um dos problemas de mais difícil solução é, sem dúvida, o referente ao sexo.

Desde a infância, com poucas exceções, a educação humana é defeituosa, comete erros essenciais que se refletem, depois, na vida dos adultos, até o fim de seus dias. Um deles é a negligência dos cuidados e conhecimentos devidos ao corpo, esse maravilhoso, sensível e delicado instrumento de evolução espiritual.

A maior parte da humanidade usa o corpo e dele abusa, sem maiores preocupações quanto à sua conservação e equilíbrio funcional e só se move em contrário quando entram em jogo interesses do setor da vaidade pessoal ou da saúde, quando ameaçada.

Exigem-se dele esforços acima da sua natural condição; cometem-se abusos no comer, no beber, no repousar; intoxica-se-o com drogas, com entorpecentes; com venenos sociais como o fumo, o álcool, a glutonaria, em libações cada vez maiores e mais assíduas; vicia-se-o e se o enfraquece com práticas sexuais descontroladas, nem sempre naturais, numa forma cada vez mais ampla e inescrupulosa, que passa a ser estado comum, hábito normal, da vida moderna, desprezando-se as terríveis conseqüências desses viciamentos no vestir, no falar, no fazer, no abusar, sem respeito a pessoas e a idades e em condições que ultrapassam, em vários aspectos, o antigo paganismo.

É compreensível que grande parte da humanidade desconheça

ou menospreze a cultura espiritual, que esclarece e demonstra as realidades da vida além-túmulo e da evolução progressiva dos seres, realidades essas que, hoje em dia, não podem mais ser ignoradas, sobretudo depois que veio o Espiritismo, doutrina dotada de alta capacidade iniciática desses conhecimentos e que os oferece a portas abertas, utilizando processos objetivos, seguros, adequados, sem empecilhos dogmáticos ou reservas mentais.

Lamentavelmente esse desconhecimento leva-nos a imaginar o que irá suceder a centenas de milhares de irmãos nossos, após o desencarne, nos estágios sombrios dos planos inferiores, numa hora como esta...

Nesse esforço de espiritualização a que nos referimos, três coisas se mostram igualmente de difícil dominação, a saber: a ambição, o egoísmo e o sexo.

Quanto a este, particularmente, pode-se equacionar o problema considerando os seguintes fatos:

a) O abuso que dele se faz em grande parte visa o prazer físico; conquanto efêmero, tão forte é este e tão imperioso, que desorienta as pessoas e as leva, muitas vezes, à prática de atos degradantes e violentos, com a própria ciência se aplicando nestes dias, à procura de meios que facilitem sua utilização sem temor às conseqüências decorrentes do próprio ato, tanto para o indivíduo como para a coletividade, as próprias cúpulas religiosas se vendo obrigadas a discutir o assunto em congressos e publicações de larga repercussão.
b) Outro fato inegável é que os homens anseiam pelo calor da aproximação, do aconchego magnético carnal, de polaridade oposta mas completiva — positivo, negativo — masculino, feminino — que os corpos físicos reciprocamente se oferecem.
c) Além desses dois atrativos dos sentidos e olhando mais

fundo no campo psíquico, encontramos a alma humana — a psique — com seus impulsos animalizados, herdados de um passado ainda não esquecido, gravados no subconsciente como estigmas ou resíduos da barbárie ancestral.

d) E, finalmente, atrás de tudo isso, surge ainda o imenso potencial de energia e de amor da primitiva e informe partícula divina, emanação de Deus Criador, transformada hoje em Espírito humano, evoluído até certo ponto, mas ainda incapaz de sentir e, muito menos, viver e respirar no clima alto do amor universal, que é a força mais poderosa e sublime da criação e que tende a unir todos os seres entre si no seio inescrutável de Deus.

O que se passa nestes quatro setores de atividade individual caracteriza o sexo, em sua feição deformada, como o sentimos e praticamos em nosso mundo inferior.

De forma que para compreender, usar e disciplinar este atributo nas condições em que aqui se apresenta, é preciso haver conhecimentos adequados, alta noção de responsabilidade espiritual e vontade inflexível, tudo antecedido de um aprendizado que venha desde a infância do homem para que este, quando adulto, se conduza como um idealista, sustentado por princípios morais elevados e assistência de uma doutrina redencionista como o Espiritismo, que esclarece e leva diretamente a um esforço de reforma íntima, para que o potencial de amor verdadeiro existente na centelha divina seja utilizado agora como atributo santificado do Espírito mais que nunca sujeito a um rigoroso processo de evolução moral.

O exposto nos mostra o problema nos seus fundamentos espirituais mais profundos, mas podemos ainda aduzir os seguintes argumentos: o homem está colocado entre os reino animal e angélico participando do primeiro pelo corpo orgânico e do último pelo Espírito; de maneira alguma, portanto, deveria proceder impulsivamente, pelo instinto, visto que já ultrapassou a escalada animal. Conquistados a inteligência e o livre-arbítrio, sempre utilizou esses atributos para os abusos do sexo quando, ao contrário deveria esforçar-se para a contenção racional que somente alguns, isoladamente realizam.

Se obedece a certo decoro exigido pela sociedade, no íntimo, todavia, continua sensível aos impulsos do reino animal, deixando supor que, nesse campo, usou a inteligência em mau sentido, retardando sua evolução ou, então, não deu a importância devida ao atributo do sexo na sua significação mais elevada.

Nestas condições a solução mais racional para esse problema se encontra, sem a menor dúvida, na iniciação espiritualizante, de caráter popular, sem contrariar contudo a natureza humana ainda imatura; essa iniciação o levará a cuidar de sua evolução bendizendo o sofrimento que purifica e ajuda a compreender, a reagir, a desprender-se de si mesmo na parte inferiorizante, eliminando assim os estigmas resistentes da animalidade e resgatando-se por fim da escravidão dos sentidos.

14

ENQUANTO É TEMPO – I

Meditando sobre os horrores por que passam os espíritos atrasados, empedernidos no erro, após o desencarne, compreendemos a necessidade imperiosa de nos redimirmos pelo Evangelho.

Uns dizem: cremos em Deus e isso basta. Outros afirmam: Jesus não morreu na cruz por nós? Os que crerem n'Ele não serão salvos? E muitos, milhares de outros, estão seguros da suposta salvação, porque seguem ritos e preceitos religiosos. E livros são lidos por milhões; e cultos existem em toda parte oferecendo essa suposta salvação.

E até entre espíritas isso também acontece: pois não seguem os preceitos da Doutrina? Não dão esmolas? Não freqüentam sessões e ouvem conferências, freqüentemente? E não "queimam as pestanas" na leitura de livros esclarecedores?

Mas a todos convém perguntar: reformaram-se interiormente? purificaram-se, eliminando vícios, erros e defeitos morais? Transformaram-se no "homem novo" a que o Evangelho se refere? Não era esta, porventura, a finalidade da reencarnação atual?

Se não fizeram tanto, pergunta-se então: que fizeram até agora de definitivo em seu próprio benefício; no que empregaram seu tempo de forma realmente proveitosa, no sentido de fraternização universal, cada dia mais urgente?

Os ricos que entesouraram, presos de ambição insaciável.

Os que fabricaram armas para morticínios e destruições. Os que exploram a miséria, e tiram partido da necessidade alheia.

Os que viveram do sofrimento alheio, indiferentes, nos consultórios, nos laboratórios, nos hospitais.

Os que encareceram sem necessidade o pão humilde do pobre, ou lhe aumentaram a penúria de agasalho e teto.

E os que se julgaram privilegiados do mundo, devotando-se unicamente ao engrandecimento próprio!

Que resposta podem estes dar? Para estes como será depois?

Jesus advertiu dizendo: "a cada um será dado segundo suas obras" e "o que se semeia é o que se colhe". Tiago, depois, também advertiu dizendo: "a fé sem obras é morta".

E todos porventura não sabemos que a justiça de Deus é incorruptível; que não se vende, não se engana; que é a única infalível e realmente justa?

O essencial à solução de todas estas indagações é a reforma íntima, que deve ser feita com todo empenho e rigor enquanto é tempo.

15

PERGUNTAS OCIOSAS

Aos que ainda interrogam perguntando por que foram criadas a "Escola de Aprendizes do Evangelho" e a "Fraternidade dos Discípulos de Jesus", organismos educativos criticados, no início, por alguns, mas enaltecidos hoje por milhares, respondemos:

Foram criadas em 1950 para fazer o que não fora feito até então, a saber: voltar ao sulco primitivo da cristianização; ultrapassar a fase de carência do Espiritismo flexível; congregar os adeptos em esforços de realizações no campo interno, único processo capaz de transformá-los em homens novos, e espiritualizá-los pela vivência evangélica; transpor um período longo de atividades dispersas e inconclusivas, com acomodações em torno a rotinas entorpecedoras, tudo para evitar que o Espiritismo porventura se tornasse um movimento simplesmente teórico, intelectual, frio, formalístico, fechado em paredes, com um mínimo de repercussão popular, incapaz de realizar na vida prática os ensinamentos de Jesus condensados na frase "*amar a Deus sobre todas as coisas e ao próximo como a si mesmo*", base de todo o seu ensinamento, expressão nítida de uma filosofia de amor feita ação, com sentido universal e não-exclusivo, e sobretudo como conquista evolutiva pessoal de cada adepto em plena consciência e lucidez de opção.

Haverá outro caminho para a redenção nos dias atuais, para uma humanidade que está esgotando a paciência dos santos e tem pouco tempo para mudar de estrutura e de mentalidade? E bastaria porventura a devoção dos espíritas na organização de assistência social, para produzir tais mudanças, ou a difusão teórica da Doutrina como vinha até então sendo feita?

Jesus não deixou corpo algum religioso baseado em teorias, nem demonstrou alguma vez desejo de criar uma filosofia exclusiva, nem tampouco fez pregações ou discursos delineando esquemas de uma doutrina própria mas, bem ao contrário, pregou sempre o amor como base de toda a ação, viveu por ele, sacrificou-se por ele e ainda deu-lhe testemunho final imorredouro e claro na cruz, perdoando a todos os algozes por ignorarem a verdade sobre a vida espiritual.

E aos que dizem ser a "Escola" e a "Fraternidade" inovações dispensáveis pode-se responder que realmente são, não no que se refere à doutrina em si mesma, que é parte intangível de um corpo perfeito de sabedoria eterna, mas na sua prática, nas realizações efetivas, na testemunhação em atos da vida comum; porque perdeu-se tempo precioso na difusão e porque o Espiritismo não veio para repetir o que foi feito por religiões e filosofias anteriores, que não conseguiram resolver o fundamental problema da espiritualização do homem encarnado, mas sim, para efetivar essa espiritualização de forma prática, acessível a todos, sem ritos, exclusivismos ou preconceitos de qualquer natureza, com repercussões profundas nas massas do povo, justamente como era o Cristianismo primitivo que, após a morte de Jesus, organizou-se com esse caráter, sob a influência imediata das palavras e exemplos do Condutor Divino que hoje, como ontem, continuam presentes através de seus mensageiros espirituais, exigindo a mesma coisa.

É preciso ter em vista que as inovações quando altruísticas, dentro de bases nobres e justas, são indispensáveis e fazem progredir; e estes organismos educativos e iniciáticos são uma inovação construtiva, já bastante retardada para o cumprimento, nos limites que puder atingir, dos ensinamentos redentores do Divino Mestre.

E por causa disso mesmo é que, na abertura e no encerramento de suas reuniões, os aprendizes cantam hinos e preces de gratidão a Deus por estarem finalmente trilhando caminhos certos no mundo das realizações espirituais redentoras, preparando-se devotadamente para atingirem como discípulos, o reino da paz, do amor e da felicidade eterna.

16

Hora de Expansão

As Casas Espíritas, face ao princípio de fraternidade universal, devem desenvolver suas atividades sem restrições quaisquer, sobretudo sectárias, e não restringir suas atividades às paredes de suas sedes mas servir dentro e fora delas, onde for necessário, porque o Espiritismo é doutrina aberta, em todos os sentidos.

Sem intuitos arraigados de fazer proselitismo, devem todavia os Espíritas oferecer a palavra esclarecedora a quantos queiram ouvi-la e o pão material a quantos necessitem dele sendo, contudo, invariavelmente indispensável que exemplifiquem as atividades doutrinárias com atos e atitudes pessoais; porque a exemplificação sempre abre caminho mais amplo e é argumento que cala mais fundo nas almas que duvidam; porque fácil é falar, como também dar do que sobeja, mas difícil é exemplificar de coração aberto, com sinceridade, na forma pela qual Jesus ensinou.

17

DESPERTAMENTO

O esforço de auto-evangelização — a garantia mais segura de redenção individual — deve partir de uma decisão firme, sincera, definitiva, e ser feito ao mesmo tempo com a busca de conhecimentos referentes à evolução espiritual da humanidade, desde seus primórdios; de como foram transmitidos pelos missionários divinos, de geração em geração, à medida que os homens iam adquirindo consciência de si mesmos e da conduta a seguir, como células individuais, na comunhão dos semelhantes; e se capacitavam para distinguir o bem do mal, o certo do errado, o justo do iníquo.

Mas esses conhecimentos transmitidos aos homens até o presente, sobretudo através de sacerdotes das mais variadas seitas e religiões, não impediram que o livre-arbítrio, outorga de maioridade, levasse ao desenvolvimento desenfreado do egoísmo inato, das ambições de poder, de brutalidade e dominação pessoal, que a própria diferença de valores individuais de força física incentivavam.

Somente mais tarde, com o decorrer do tempo, vivendo e sofrendo, errando e acertando, caindo e levantando-se, é que as virtudes espirituais humanas foram lentamente despertando, aproximando os homens entre si, nas primeiras manifestações do amor universal.

Compreendido isso e vendo como estamos ultrapassando esse primarismo, é que poderemos realizar, com mais inteligência e eficácia, os esforços da evangelização, que o Cristianismo Primitivo difundiu no seu tempo e o Espiritismo de hoje reafirma e, da mesma forma, exige.

Com essa compreensão poderemos também, melhor, nos situar, após auto-exame rigoroso, no esquema da seguinte progressão evolutiva geral: primitivismo e instinto, inconsciência relativa, animalidade em todas as suas formas reminescentes; — despertamento anímico, egoísmo (amor de si mesmo), dominação pela violência; sociabilidade precária, tentativas de fraternização (amor para muitos); consciência universalista e altruísmo (amor para todos), que é a meta visada pelo Evangelho de Jesus.

A luta contra o Mal, em si mesmo e fora dele, será vencida pelo aprendiz, utilizando o conhecimento e a vontade, num esforço de oposição firme e deliberada, em atos e pensamentos, aos defeitos principais do Espírito e aos vícios do corpo orgânico, fortes resíduos da animalidade inferior.

O esforço cego, mesmo quando sincero, de melhoria, jamais leva a resultados positivos porque é quase sempre fruto de impulsos momentâneos, sem bases mais profundas nas almas; não abrange a trajetória toda das tarefas evolutivas, do princípio ao fim e fica sempre sujeito a flutuações e instabilidades.

Mas quando o aprendiz sabe que se movimenta dentro de leis espirituais de eterna vigência, que o vêm impulsionando desde o ato divino da Criação e continuarão a impulsioná-lo até que atinja os mundos superiores, ficará então mais capacitado a um esforço definitivo, consciente, no momento presente, para que a felicidade espiritual lhe sorria o mais cedo possível, e incentivará ainda muito mais esse esforço quando souber, como espírita que é e, portanto, indivíduo mais esclarecido, que agora já não haverá mais tempo a desperdiçar com negligências ou divagações, porque este é um momento de definições espirituais definitivas, em que já não bastam unicamente compreensão intelectual dos problemas do Espírito e resultados de superfície, mas atos e mudanças profundas.

E deve também lembrar-se de que para esse despertamento espiritual, esse esforço redentor, é que Jesus morreu na cruz, que o Evangelho nos foi legado e que a Doutrina dos Espíritos — o

Paracleto prometido — foi outorgada, não para alguns mas para toda a humanidade, inclusive para as centenas de milhões de retardados e maus que trabalham, nos dois Planos, ingloriamente, contra a vitória do amor e da luz na Terra.

18

HORIZONTES DO ESPÍRITO

Na literatura clássica a frase de Sócrates: "*Conhece-te a ti mesmo*" significando que o homem não é unicamente um corpo de carne; e as afirmativas de Jesus quando disse: "*vós sois deuses*" ou então: "*o reino dos céus está dentro de vós*"; ou ainda: "*isto que faço vós podeis também fazê-lo e muito mais ainda*" — são ensinamentos que levam à convicção do grandioso destino reservado aos seres na evolução universal.

Examinemos tais frases:

"VÓS SOIS DEUSES"

É de conhecimento pacífico nos arraiais espiritualistas que os homens são partículas divinas que, na evolução através dos reinos da Natureza, fazem-se Espíritos humanos e que, ao fim dos evos, retornarão ao foco de origem comparticipando, desde muito antes e cada vez em escalas mais altas e mais amplas, da execução das obras divinas, agindo com sabedoria e poderes próprios de *deuses*, no conceito vulgar do termo.

"O REINO DOS CÉUS ESTÁ DENTRO DE VÓS"

Esta frase jamais significará privilégio, razão de orgulho pessoal, motivo de beatitudes cuja cobertura possam os homens voltar-se à inércia contemplativa, esperando que os céus se abram para seu uso e gozo, como um direito adquirido e incontestável.

Muito ao contrário deve ser compreendida como uma grandeza potencial essencialmente dinâmica, que tudo impulsiona para a ascensão e que, à medida que se vai revelando, passa a exigir de cada um de nós, maiores esforços, sacrifícios e renúncias, visando um aperfeiçoamento contínuo e irresistível no campo moral e a conquista de virtudes evangélicas, justamente para que o "*reino dos céus*", isto é, a vida em suas condições divinizadas, se manifeste na intimidade de cada espírito.

"O QUE FAÇO VÓS TAMBÉM PODEIS FAZÊ-LO E MUITO MAIS AINDA"

Se ao termo da evolução nos reinos inferiores, a Partícula atingiu o reino humano, na etapa seguinte alcançará a esfera angélica, já na condição de Espírito livre, com sabedoria e poderes correspondentes; e, prosseguindo, ascenderá às esferas sublimadas do governo dos universos siderais onde os Espíritos já não somente colaboram mas governam mundos, como agentes diretos de Deus.

Jesus dizendo: "*e muito mais ainda*" queria referir-se àquilo que Ele manifestava como Espírito encarnado entre nós, no momento, e não ao conjunto de poderes que possuía como Espírito cuja hierarquia é a de governador espiritual do planeta; mas também talvez quisesse referir-se ao fato de que, além de Sua posição, existem outras mais altas, suscetíveis de serem alcançadas por todos os Espíritos em geral no curso de sua evolução.

Mas aqui surge então a pergunta: será assim para todos os homens em todos os casos?

A resposta é que o Mal em si mesmo é transitório e o fim da vida é sempre o Bem e a felicidade; as leis de Deus são perfeitas e imutáveis, e infinito e universal é o Seu amor.

Do que se pode então concluir que assim deve ser para todos, em tempos e condições diversas, numa escala trabalhosa, com apuração rigorosa de virtudes e de méritos individuais.

19

Inquietação

À medida que o relógio do tempo avança, a inquietação vai tomando conta do mundo.

A juventude está desorientada, sobretudo nos grandes centros urbanos e nos países mais ricos, onde prevalecem os valores materiais.

As igrejas se esvaziam, enquanto os clamores por justiça e por amor crescem de vulto, demonstrando a falta de líderes verdadeiros, que indiquem os caminhos mais seguros e acertados, nesta civilização tecnocrata que endeusa o predomínio da matéria sobre o espírito.

A criação divina é um fenômeno portentoso e se rege por leis que a ciência desconhece ou se recusa a conhecer, por não condizerem com os postulados preestabelecidos, cuja base é toda forjada na insegurança do personalismo.

Mas o descalabro que se alastra pelo mundo está bem mostrando que não é com ciência e intelectualismo que se podem resolver os problemas da vida humana neste orbe, nesta época, mas com introspecções, penetração nas leis da vida espiritual, apuração de sentimentos e um alto sentido de solidariedade humana, na forma inspirada pelo Evangelho cristão.

Atingindo este ponto, então, no mar interior inquieto e aflito, reinará, por fim, a paz, a esperança e o amor, valores eternos que não podem ser encontrados de outra maneira, em lugar algum.

20

Meditação

Enquanto crescem neste mundo o tumulto e o desentendimento, por força da ambição de poder e pela busca insensata de valores simplesmente insubsistentes, e os recursos da inteligência e da tecnologia alimentam a guerra e não a paz, avultam os valores espirituais configurados no Evangelho de Jesus.

Torna-se então evidente a necessidade de serem estes valores mantidos bem vivos e bem altos no coração dos discípulos e dos homens de boa vontade, para que assim se demonstre a todos onde se situam as verdades imortais, e se possa também avaliar o quanto é meritório o esforço daqueles que difundem esse Evangelho no mundo, com humildade, desinteresse e abnegação.

21

O Mal das Tensões

O estado de preocupações constantes, a angústia da falta de tempo, que não permite fazer as coisas com calma, a expectativa de acontecimentos maus, as emoções e muitos outros fatores, sobrecarregam o sistema nervoso no campo físico e no psíquico, provocando esgotamentos, exaustões e doenças de muitas espécies, algumas de difícil eliminação.

E uma situação destas é sempre agravada com a interferência de Espíritos inferiores, que se aproveitam do enfraquecimento momentâneo, para agirem com mais segurança e certeza de êxito.

Eis uma comparação bem adequada e já citada por outrem: a de uma corrente elétrica, de voltagem superior ao dispositivo de resistência; uma lâmpada de 110 volts, por exemplo, que se liga a uma corrente de 220, produzindo excesso de calor, claridade momentânea muito intensa e, em seguida, a queima da lâmpada ou do circuito, acarretando conseqüências imprevisíveis.

Quando ocorre tal coisa no corpo humano, o organismo agüenta o mais que pode, demonstrando, por vários modos, o desequilíbrio: irritação, incapacidade de fixar atenção, cansaço, desânimo etc., sinais e advertências oportunas ao Espírito encarnado para que faça cessar a pressão de qualquer modo; e, não havendo atendimento pronto, seja por que motivo for, pode sobrevir logo colapso, desequilíbrio mais ou menos profundo, da organização nervosa, sobretudo cerebral, com desmaios, síncopes e outros reflexos circulatórios.

É preciso considerar que a maior parte das inquietudes e apreensões referem-se a problemas ou fatos que passam com o correr do tempo e que, quando nos atingem, já estão também passando, porque de hora em hora tudo muda e segue seu próprio rumo, como conseqüência que é do que já foi ou, dizendo melhor, como carma do que ocorreu antes. Deixemos pois que eles passem mas não deixemos desequilibrar ou desorientar.

Para isso, boa norma é nunca aumentar o vulto dos problemas, dramatizando-os e criando, assim, tensões mais demoradas e perfeitamente dispensáveis; nunca penetrar deliberadamente no campo dos sofrimentos e problemas antes que eles se façam presentes; encarar tudo pela linha do meio termo e usar a imaginação — que é força mais poderosa que a vontade — para manter o equilíbrio psíquico, desviando rumos ou jogando na balança elementos contrários àqueles que se tornam inquietantes ou prejudiciais.

E exercitar o silêncio — que é força de concentração e não de dispersão —; acostumar-se com ele o mais possível, viver nele o mais possível, aumentando sempre o campo da vida interna, porque a dispersão da energia cerebral, provocada pelas demandas exteriores, é que concorrem em maior volume para as exaustões e desequilíbrios.

Este será um bom recurso para fugir à agitação, às angústias e às opressões próprias das grandes cidades, extuantes de rumores e movimento.

Dentro do silêncio sentiremos a presença de forças poderosas do mundo espiritual com as quais estabelecemos ligação e ganhamos tempo para fugir às dificuldades ou nos adaptarmos a elas.

Em caso pois de perigo, desorientação, desespero ou, melhor, antes que cheguemos a tais extremos, procuremos nos isolar do tumulto do mundo exterior, entrando no silêncio e nos voltando para Deus, em cujos braços sempre estamos e cuja voz, se estivermos atentos, na certa ouviremos.

22

A Colaboração Maior

Todos aqueles que, por demonstrarem boa vontade, receberam tarefas no campo da batalha espiritual decisiva que, em nossos dias, se trava na Terra, pela sua renovação e redenção da espécie humana, obterão êxito, maior ou menor, segundo sua capacidade, devotamento e perseverança mas, sobretudo, pela compreensão que demonstrarem da finalidade essencial dessa luta, que é o selecionamento dos seres para formação da humanidade dos dias futuros.

Esse esforço se desenvolve em muitas direções, cujos valores são também diferentes, mas o julgamento do trabalho terá sempre em vista a prevalência da qualidade sobre a quantidade e as transformações que ele possa operar, no íntimo das almas para sua redenção; noutras palavras: o valor do trabalho executado pelos tarefeiros será considerado não tanto pela distribuição de benefícios perecíveis, transitórios, do campo material, cujos efeitos não influem sobre os Espíritos de forma profunda e decisiva, mas pela capacidade de cada um de despertar, no adepto ou simpatizante da Doutrina, a compreensão verdadeira da vida espiritual e as energias internas que levarão à reforma moral imprescindível.

Os esforços que se diluem nas exterioridades não levam a esses resultados e, por isso mesmo, situam-se em graus menores da escala dos valores qualitativos, mesmo quando avultem como volume ou quantidade, sejam feitos por pessoas, individualmente, ou por agrupamentos, porque o momento que o mundo vive agora é de transcendente significação histórico-religiosa e não pode ser encarado complacentemente de forma aleatória; bem ao contrário exige decisões definitivas, definições heróicas, atitudes corajosas e desassombradas, para que se possa aspirar à redenção, à libertação espiritual, recuperando-se o tempo perdido em vidas anteriores, na maior parte das vezes vazias de realizações realmente meritórias.

A exemplificação dada pelo Cristo em sua última e definitiva descida ao nosso orbe, na Palestina, é altamente expressiva e eloqüentes foram suas palavras, atitudes, atos e ensinamentos, mais tarde condensados nos Evangelhos.

E tão fielmente foram tais valores compreendidos e praticados por seus primeiros apóstolos e discípulos que, após sua ascensão, resolveram eles reunir-se na casa paterna de Nazaré, na Galiléia e ali escolher, cada um por si mesmo, segundo suas aptidões e possibilidades, os rumos a seguir, através das regiões e países onde desejavam desenvolver suas atividades missionárias, conquanto todos soubessem de antemão que nesse trabalho ingente "deveriam padecer, chorar e morrer, durante vinte largas centúrias, que lhes eram dadas como prazo para terminarem a semeadura começada pelo Verbo de Deus, seu Mestre".

Esse prazo de vinte centúrias está chegando ao seu termo, nestes nossos dias atribulados e a tarefa missionária interrompida ao desviar-se o Cristianismo Primitivo de seus rumos certos, deve ser agora retomada (e já o está sendo desde a Codificação), pela Doutrina dos Espíritos.

Esta, pois, é a gravidade do momento que passa, impondo a todos nós, que desejamos ser discípulos dignos do nome, meditações profundas, decisões severas e ação perseverante, para remate da obra santificante pela qual o Divino Mestre sacrificou-se na cruz, prosseguindo-se nos mesmos rumos largos, visando a mesma finalidade redentora, semeando a mesma semente generosa e fecunda de espiritualidade e fraternidade universais, não somente com palavras sonoras e boas intenções, mas com atos, atitudes e exemplificações pessoais definitivas, no sentido moral, visando a evangelização desta humanidade da qual somos parte.

Este é o testemunho, esta é a moeda que corre nos céus e que vale por um trabalho qualitativamente perfeito.

23

Mundos Habitados

Com os atuais êxitos científicos que permitiram ao homem descer na Lua, criou-se um clima de natural expectativa quanto à possibilidade de haver humanidades vivendo em outros orbes do nosso sistema planetário, como sempre afirmaram as correntes espiritualistas e negaram as religiões cristãs dogmáticas.

Se o mesmo êxito se repetir com a descida em outros orbes, Marte por exemplo, a negação religiosa se julgará vitoriosa, conquanto a ciência continue na expectativa de saber se ali haverá habitantes humanos e, neste caso, qual será a reação deles à chegada dos terrícolas.

Enquanto prosseguem as explorações, voltam-se milhares de olhos para o Espiritismo, a religião racional que, entre os seus postulados, inclui a *pluralidade dos mundos habitados*, reafirmando as tradições espirituais milenárias do Egito, da Índia e até mesmo da antiga Palestina onde Jesus ensinava dizendo "na casa de Meu Pai há muitas moradas".

Convém todavia esclarecer o assunto, apresentando as alternativas que o condicionam e que são as seguintes:

1) Nem todos os mundos são habitados e nem todos alimentam a vida de seres evoluídos: os mundos nascem, vivem, transformam-se e morrem de igual forma que todos os seres da criação universal.
2) Há mundos destinados a atividades e fins diferentes, a saber:
   a) mundos jovens, contendo seres embrionários, em início de evolução;

b) mundos para evolução de seres humanos em graus inferiores, por exemplo, a Terra;
c) mundos destinados à habitação de seres de evolução avançada, humana ou não;
d) mundos punitivos, destinados a colher Espíritos recalcitrantes à evolução;
e) mundos de recreio e repouso;
f) mundos mortos, destinados à destruição.

Por conseguinte nem todos eles são habitados e, quando o são, nem todos o são da mesma forma e nas mesmas condições.

3) Os seres que habitam esses mundos diferem uns dos outros segundo o grau de evolução. Quem eventualmente habita Marte, por exemplo, difere de quem habita Vênus, na forma e condições de vida.
4) Os habitantes desses mundos não possuem, todos eles, a mesma forma humana como é apresentada na Terra. As formas e condições de vida diferem porque devem sempre corresponder ao meio ambiente o que, aliás, ocorre aqui mesmo na Terra, onde há seres vivos de inúmeras formas e condições, que habitam meios diferentes e impróprios à vida humana.
5) É elementar que os envoltórios exteriores dos Espíritos em evolução, nos mundos baixos e médios, a saber: o perispírito e o corpo físico, são formados de condensações de fluidos provindos dos elementos constitutivos dos globos em que evoluem; nosso corpo físico, por exemplo, contém grande parte dos minerais que compõem o globo.
6) Do que foi dito se conclui que o Universo tem aspectos e condições multiformes, que oferecem aos Espíritos em evolução, inumeráveis condições, formas e meios para evoluírem. A forma humana caracteriza habitantes de determinados mundos ou sistemas, não sendo a única para todos os orbes, nem mesmo do nosso sistema.

7) Nestes termos, se os nossos astronautas conseguirem descer em outros orbes do nosso sistema (hipótese bastante remota) talvez não deparem com seres humanos iguais ao tipo comum de nossa humanidade, devendo também ter em vista a possibilidade de não verem sinais de vida conhecida ou comparável, porque se o grau de evolução desse orbe for superior ao nosso, os habitantes não poderão ser visíveis pelos olhos humanos e talvez nem mesmo por intermédio de instrumentos fabricados para confronto com os fenômenos físicos de nosso mundo espiritualmente inferior.
8) Mas nem por isso se poderá dizer que esses mundos não são habitados, porque o problema é muito mais delicado e profundo do que pode parecer ao homem terrestre e transcende aos conhecimentos intelectuais e à tecnocracia, no grau de desenvolvimento já atingido em nosso globo.

24

MISTICISMO

Os textos religiosos e doutrinários, esotéricos ou não, têm sempre sentido místico e, para muitos, isto é fator depreciativo.

Os textos das doutrinas orientais são marcadamente místicos e simbólicos. Veja-se, por exemplo, os livros *A Voz do Silêncio*, de H. P. Blavatsky, e *Luz no Caminho*, de Mabel Collins, que são exemplos clássicos e expressivos do que afirmamos.

Duas são as razões principais desse feitio literário:

1) A aura dos grandes seres cobrem vastas dimensões da criação universal, e a de Deus — o Criador eterno — cobre a criação toda; e o estado místico favorece a integração dos seres nessas auras, mais ou menos superficial ou profundamente, segundo o grau de sua própria condição evolutiva.
2) O misticismo é uma força íntima que ajuda o crente a sustentar-se na luta; exerce forte atração mental e sensibiliza o Espírito do iniciante, despertando-lhe impulsos benéficos de espiritualização.

Os textos místicos prendem o leitor e quantas vezes não o encaminham realmente para esforços mais amplos, e tentativas mais sérias de redenção própria?

Não há, pois, razão para se condenar o misticismo, salvo, é obvio, quando ultrapassa os limites do equilíbrio que deve ser mantido; da razão, que deve ser conservada íntegra e de um mínimo indispensável de bom senso.

Assim fala o Espiritismo, que é doutrina racional e ao mesmo tempo, religião de fatos e de realizações espirituais objetivas.

25

Um Grande Missionário

Atentando para o vulto de suas atividades, sua natureza e as conseqüências que produziram na evolução moral do mundo, temos que convir que Moisés era um enviado divino, um missionário que executou sua tarefa de forma perfeita, beneficiando a humanidade na forma e nos limites que lhe foram marcados.

Não o Moisés bíblico que nos é apresentado como um homem genial, violento, ríspido, como um homem sem alma, capaz de promover genocídios, devastações, impiedades próprias dos brutos; mas, ao contrário, um benfeitor da humanidade, de coração compassivo e alto espírito de renúncia, sacrifício e devotamento, qualidades essas que são características dos seres evangelizados.

Fraternidade universal, unidade universal, eis o lema pelo qual lutou, viveu e morreu.

Mas mesmo não se o considerando uma encarnação crística, mas somente um missionário do Plano Maior; e aceitando como verdadeiras as narrações do Êxodo, é forçoso admitir tratar-se de uma entidade de alta condição espiritual, como passamos a demonstrar.

1º) O Plano Diretor do Orbe não confiaria a qualquer Espírito de mediana estatura, missão de tal envergadura, de tão relevantes proporções e de conseqüências tão profundas na evolução espiritual da Terra. Devotando inteiramente sua vida, parte na preparação e, parte na execução da ingente tarefa de educar um povo semibárbaro para a crença em um Deus único, demonstrou ele sua elevada condição.

2º) Conseguir, como o fez a união e a obediência desse povo de centenas de milhares de indivíduos hebreus, sírios, núbios, conduzi-lo e mantê-lo na posse de uma suposta terra prometida, o que somente realizou-se após quarenta anos de trabalhos, privações, lutas, renúncias, doutrinação constante e severidades adequadas, isto torna evidente e inegável essa alta condição espiritual.

3º) O apoio irrestrito que lhe foi dado durante esse tempo pelo Plano Espiritual e que sua poderosa organização mediúnica natural veiculado para a produção até mesmo de fenômenos físicos de alta proporção.

4º) A coragem, paciência, fé inquebrantável assiduamente postas à prova; os notáveis conhecimentos gerais, religiosos e científicos que demonstrou e a incomum autoridade moral, atestam sem dúvida alguma as qualidades exponenciais de um verdadeiro missionário.

Compreendido isso é fácil admitir que as passagens referentes a crueldades, morticínios, execuções sumárias, devastações, que constam do Velho Testamento, jamais poderiam ter sido ordenados por ele, como também os sacrifícios rituais de sangue, próprios de povos primitivos e contrários à crença no Deus único e verdadeiro que era o alvo do seu trabalho de formação de um povo.

Considerando pois que ele era incapaz de tais atos e tendo estado todo esse longo tempo à testa desse povo peregrino, nos desertos de Paran, Median e Negeh, é forçoso concluir que tais referências nada mais são que interpolações ou acréscimos efetuados nas escrituras mais tarde, quando ele já havia desencarnado, no seu retiro final do Monte Nebo.

As qualidades que ornam e caracterizam os Espíritos de elevada condição são justamente o oposto do que vem narrado nesse testemunho religioso e se ali se inscrevem é porque convinha que assim fosse para dar força e prestígio à classe clerical que, após sua morte, dominou o país por muitos séculos em nome do seu Deus.

Jesus, dizendo que não vinha revogar a Lei mas dar-lhe cumprimento, é óbvio que se referia aos Dez Mandamentos, lei vinda do Alto, ditada pelo Guia espiritual desse povo, ao pé do Sinai, lei básica que foi dada ao povo daqueles dias e deveria ser seguida pelos pósteros, mas não aos acréscimos e modificações feitas pelos homens, à revelia do missionário heróico.

A história verdadeira daquele povo, no período em que viveu nos desertos, foi escrita pelos notários, membros do Colégio de Hierofantes, que Moisés organizou e que se destinavam às funções de conselheiros, cooperadores do seu trabalho espiritual, e dirigentes do culto do Deus Único que se processava em redor da Arca da Aliança, que acompanhava os deslocamentos da multidão nos seus movimentos coletivos; a mesma arca que após a conquista de Canaã, séculos depois, já nos tempos do rei Davi, foi transferida para a nova Capital — Jerusalém — até que seu filho Salomão construísse o Grande Templo Judaico, o mesmo que nos dias de Jesus ainda era o centro religioso e do poderio nacional do povo israelita.

26

A TRADIÇÃO ESPIRITUAL

A documentação histórica da humanidade não vai além de seis mil anos, mas a ciência já mostrou que a vida humana no globo remonta a centenas de milhares de anos.

Como terá sido ela nesse imenso e obscuro período de tempo? Esse período faz parte da pré-história, da qual, além da documentação científica pelo exame das ruínas, das formações geológicas, e dos fósseis em geral, essa documentação existe, formando a Tradição Histórico-religiosa, abrangendo a vida humana desde seus primórdios, em continentes já desaparecidos, até a data acima referida, quando surgem narrações básicas dos conhecimentos da atualidade.

A tradição histórica veio pelas revelações mediúnicas, que se referem a encarnações de enviados e missionários do Plano Espiritual superior e seus ensinamentos constam de livros e documentos já conhecidos hoje.

Nestas condições é evidente que essa tradição deve ser aceita e respeitada, mesmo quando não conste de livros oficiais religiosos, nem sempre aliás merecedores de completo crédito, por causa das adaptações periódicas que sofreram para satisfazerem interesses de indivíduos ou de comunidades.

O Espiritismo, religião-ciência, doutrina liberal e racional, não pode ignorar a tradição e deve ser o primeiro a testemunhar a seu respeito, cultuando a memória desses milhões de irmãos nossos que viveram nesses tempos pré-históricos, obscuros e pouco conhecidos, mas não menos reais que estes em que vivemos hoje.

Olhando para o passado verificamos que o exercício de

poderes espirituais e religiosos, com raras exceções, foi privilégio de classes sacerdotais de organizações religiosas ou sectárias e esta situação perdurou, no seu caráter exclusivista, até o advento do Espiritismo, em meados do século passado, que surgiu como uma doutrina racional, que liberta o homem de intermediários na busca de Deus, sem vinculações partidárias e o torna apto à conquista de si mesmo, pelo conhecimento das leis que regem a vida espiritual e a vivência delas.

Esses conhecimentos, que sempre foram sonegados ao povo em geral, por falta de madureza de uns e conveniências sectárias de outros, passaram a ser, pelo Espiritismo, difundidos e popularizados amplamente, sem restrições ou temores, para cumprir as promessas de Jesus quando disse que futuramente o mundo receberia novas revelações da Verdade e que estas tornariam os homens livres.

Para conhecer essas leis é que se estabeleceram as iniciações religiosas do passado, nas quais os homens se filiavam, uns porque tinham o espírito místico, outros porque ansiavam por poderes e grandezas e, raros, os que desejavam realmente evoluir e subir para Deus; e, os rigores exigidos para a filiação, visavam justamente restringir a divulgação e utilizar os conhecimentos, de forma secreta, no engrandecimento das classes privilegiadas, que dominavam as massas ignorantes pela superioridade intelectual e pelo misticismo que os rituais, ostentosos ou simbólicos, asseguravam.

Nessas iniciações a ausência de qualidades próprias levava ao fracasso nas provas preliminares, duma parte porque os candidatos dotados não recebiam do Alto cobertura espiritual e, doutra, porque os titulares que os recebiam e julgavam, constatavam desde logo o desvalimento psíquico no campo mediúnico, elemento que assegurava desde logo a aceitação.

No Egito antigo das primitivas dinastias, os próprios faraós se iniciavam, como se vê nos casos de Mena, da 1ª; Amenhotes IV, da 18ª, Ramsés II, da 19ª, contemporâneo de Moisés e, em relação a este último, sua destinação era de grande significação espiritual, como o demonstra a tradição profética de Israel, pela boca de Jeová, quando diz: "chamei a meu filho do Egito, para que caminhasse à frente do meu povo".

A iniciação hindu difere, em parte, da egípcia, porque esta tinha um caráter mais utilitário e realista, enquanto a primeira, com alto teor de desprendimento, visava preferentemente a capacidade do aprendiz: 1) em aprender os ensinamentos fornecidos de forma simbólica ou analógica, porém sempre mística; 2) em interiorizar-se para assimilá-los no tempo que fosse, durante o qual as faculdades psíquicas eclodiam, desenvolviam-se e apuravam-se e somente ao fim desse esforço demorado e exclusivamente pessoal, era ele examinado e julgado pelo mestre.

Jesus, a seu tempo, encontrou na Palestina uma iniciação religiosa e política fornecida pelo Colégio Nacional do Sinédrio onde, entre outros, estudou Saulo de Tarso, o temível perseguidor dos cristãos; e iniciações teóricas particulares, fornecidas em escolas privativas, dirigidas por rabis famosos, saduceus e fariseus, dentre outros, Hillel, Schamai, Gamaliel, Nicodemos, todos de menor significação espiritual; porém, encontrou a verdadeira tradição mosaica nos santuários e mosteiros essênios, que a herdaram diretamente do grande missionário Moisés.

Mas, com o aniquilamento da Palestina como nação, em 131 a.D. e a fusão do Cristianismo Primitivo, em fins do século III, o recém-organizado catolicismo romano, que incorporou suas escolas, templos, santuários e mosteiros espalhados por vários países, extinguiu-se também a Fraternidade Essênia e cessou para o Ocidente a liberdade do selecionamento iniciático. Esta situação atravessou a Idade Média e só se modificou ao eclodir a Revolução Francesa — o segundo abalo violento sofrido pelo exclusivismo religioso —, surgindo, pouco depois, a Doutrina dos Espíritos, codificada na França por Kardec, que apontou novos rumos ao pensamento, combatendo a ignorância e a superstição, oferecendo conhecimentos mais avançados que afirmaram a liberdade religiosa para todos os povos.

Transcorrido o período de tempo durante o qual a Doutrina foi examinada por cientistas da época, sustentada e difundida no campo filosófico por idealistas, foi sendo lentamente aceita e praticada nos lares e em sociedades públicas, de preferência neste último conceito, inclusive em nosso país onde, mais que em qualquer outro germinou, lançou raízes e largamente expandiu-se.

Mas o grande impulso e a mais definitiva motivação ascensional veio com a criação, na Federação Espírita do Estado de São Paulo, de escolas e cursos de formação doutrinário-evangélica com a unificação de trabalhos práticos para assistência espiritual, tudo visando efetivar a finalidade maior e mais legítima da doutrina — que é a transformação moral dos homens para a redenção espiritual.

Porque o Espiritismo visa preferentemente o homem, a partícula divina, que evoluiu e até aqui chegou, mas, ainda vê muito longe o termo de sua jornada porque é ainda somente um homem, devendo chegar, pela evangelização e pelo conhecimento, a libertar-se da encarnação nos mundos inferiores.

Somente assim, poderá ser a Doutrina o que potencialmente é, a saber: a continuidade, no tempo, do Cristianismo Primitivo, nos moldes fixados àquele tempo, por Jesus, com base nas práticas de fraternidade humana, não só por palavras; estabelecendo assim, de forma positiva, o caráter religioso da doutrina, obviamente não como uma religião organizada, nos moldes conhecidos e já ultrapassados, mas, sim, como religião racional, baseada em realidades espirituais demonstráveis e acessíveis, através da revelação mediúnica, nas suas inúmeras modalidades, e já agora capaz de enfrentar o cientificismo materialista.

No Espiritismo os conhecimentos são dados na sua justa

significação espiritualizante, pela vivência deles na vida prática, visando a fraternidade universal, pela prática do amor.

Esta é a linha de compreensão que está sendo vitoriosa na atualidade, sobretudo em nosso país, colocando a luz da Verdade no seu devido pedestal e ao alcance de todos; uma iniciação espírita, vinculada ao movimento cristão primitivo, do qual é atual revivência e destinada ao cumprimento da promessa messiânica, configurada no Paracleto.

27

Destinação

Assim como inspirados agrupamentos humanos, na Pré-História e na Antiguidade, afrontando a ignorância geral, realizaram tarefas relevantes na semeadura das verdades transmitidas por missionários da Esfera Maior, consubstanciadas no "*amor a Deus e ao próximo*", como, por exemplo, as Fraternidades Kobda e Essênia, a primeira na Pré-História, irmanando governos e povos à sombra da harmonia e da paz social, na África do Norte e na Ásia Menor e a última, na Palestina e nações circunvizinhas, conservando e difundindo, sem embargo da oposição movida pelo clero oficial judaico, os ensinamentos verdadeiros de Moisés e auxiliando a missão redentora de Jesus, desde seu nascimento até sua morte, assim ao Espiritismo cabe, em nossos dias, dar seguimento à obra messiânica, nas mesmas linhas do Cristianismo Primitivo, difundindo os conhecimentos espirituais simbolizados no Paracleto, com base no Evangelho e nos limites que lhes foram marcados, preparando assim a humanidade para a vida social mais avançada e perfeita, na Nova Terra dos próximos tempos, após o transcurso do atual milênio.

Esta é a destinação cósmica da Doutrina dos Espíritos e outro não foi o motivo da criação da Fraternidade dos Discípulos de Jesus que realiza a tarefa relevante que lhe cabe, com alta compreensão evangélica e integral devotamento.

28

Expansão Doutrinária

Esta é a hora do início da grande expansão doutrinária, quando os problemas do mundo se agravam cada vez mais e as forças retardadoras se desorientam e se emudecem; quando um vento de renovação sopra promissoramente derribando velharias, tabus, construções seculares que pareciam eternas; e, se prenúncios de desgraças atemorizam os homens, chamando-os a meditações mais profundas sobre si mesmos e sobre a vida na carne, também cantam-lhes nas almas esperanças novas de um futuro diferente, mais perfeito e mais feliz amanhã.

Esta inquietação multiforme que a todos avassala e mais e mais se agrava; esta falta de segurança que domina em todos os lugares, esta ânsia incontida de coisas mais altas e melhor definidas, tudo é sinal de uma hora grave que se aproxima no relógio do tempo, indícios conhecidos do fim de uma civilização que chegou aos seus termos e do remate de um período evolutivo que está a exigir renovações íntimas e preparações individuais adequadas, para que o homem possa jogar com bom ânimo a cartada emocionante e decisiva de seu futuro espiritual, neste planeta.

Inúteis as divagações do mundo e incompleto o esforço da ciência na dominação do plano material, varando espaços e escravizando forças naturais, se os homens não se transformarem, não atenderem ao chamamento desta hora, porque os valores que prevalecem são os do espírito e somente o amor, na sua expressão verdadeira, constrói para a eternidade.

Felizes pois aqueles que rompem as amarras das tradições, libertam-se de preconceitos retardadores e se filiam às hostes dos que têm o Evangelho cristão como lábaro e, como alvo, a compreensão espiritual exata, a exemplificação enaltecedora e a conduta reta e justa em relação aos seus semelhantes.

Esta é hora de francas definições, quando deve o homem examinar sua posição face às verdades espirituais reveladas por esta doutrina emancipadora, dotada de alto valor no campo dos conhecimentos novos e das realizações do espírito.

Para isso é que ela foi dada ao mundo, a saber: para que o esclareça, e ilumine os caminhos dos homens; liberte-os de superstições; levante-lhes o moral; multiplique-lhes as esperanças; dê-lhes coragem e serenidade para enfrentar a vida, aquém e além da morte.

Porque se, para milhões, a vida futura é ainda dúvida e mistério, provocando terrores e amesquinhamentos, para os espíritas é luz, esperanças continuamente renovadas; se as sombras densas do mundo levantam barreiras à vida maior, o Espiritismo as derruba, abrindo as rotas, tornando os homens completamente livres de terrores, porque este é o valor da luz, a saber: afastar as trevas e mostrar a verdade.

É fato conhecido que a força da expansão irresistível do Espiritismo, pelo menos em nosso país não são somente os conhecimentos da filosofia ou da ciência mas, sim, a força de atração que ele exerce sobre as almas trabalhadas pelos sofrimentos e desenganos, ou amadurecidas para as servidões evangélicas.

E quando, como já se começa a ver, a expansão atinge povos até então considerados pouco sensíveis às preocupações da vida espiritual, mas que agora já se estão abrindo para os conhecimentos novos, em obediência a impulsos íntimos oriundos da própria essência do ser que evolui, pode-se perceber desde já como, em breve tempo, as verdades evangélicas, no sentido mais profundo e verdadeiro, se alastrarão pelo mundo como fogo tocado pelo vento.

Porque o Espiritismo não é uma religião comum que nasce,

cresce e se expande e depois se cristaliza e desagrega com o passar do tempo; não é doutrina que lute para sobreviver na dependência de fatores contingentes, pois que prega verdades eternas, imortais, que atuam por si mesmas, de forma profunda e indelével, por força de afinidades intrínsecas, radicadas nas próprias almas.

Outorgada à Terra como ajuda de última hora, para a redenção do maior número, não é uma religião de homens que, como eles, viva ou morra, mas uma revelação dos céus, ligada essencialmente às necessidades evolutivas do globo e da humanidade que sobre ele precariamente tem vivido.

Como verdade cósmica ele é o que é por si mesmo mas, como doutrina de redenção, paradoxalmente será o que os homens dele fizerem, pois que Deus sempre abre os caminhos, mas os beneficiários nem sempre seguem por eles, com boa vontade e à hora justa.

Se no passado, as verdades do Evangelho cristão foram a força que galvanizou multidões de crentes, deslumbrou suas almas e as conduziu às testemunhações gloriosas que a história registra, hoje essa mesma força sobrevive na forma de convicção íntima e racional, pacífica e inabalável, oriunda da evolução do Espírito, e sustenta o mesmo ideal de servir, com desprendimento e com amor verdadeiro, porque o amor é a lei maior e a única que poderá efetivar a fraternidade universal e a unidade em Deus, que são a finalidade primeira da criação divina.

Esta é a essência do Evangelho vivo, o mesmo que Jesus ensinou e que o Espiritismo repete hoje, em vozes claras, no mundo agitado do nosso tempo, através de legiões de adeptos devotados e idealistas.

No cenário atual da vida religiosa, tão agitado por dissensões e controvérsias, o Espiritismo se destaca pelo respeito que inspira, pelo desprendimento, pelo bem que espalha, pelo amor que expande e pelo muito que está fazendo para a redenção do homem encarnado.

E, se nos primeiros tempos, a difusão se fez sob a cobertura de uma poderosa vanguarda de fenômenos de efeitos físicos, hoje ela se desdobra pela força da exemplificação individual e coletiva nas realizações, evangelizando-se e em seguida agindo como testemunhos vivos no ambiente social.

A demagogia política ou religiosa vai sendo repudiada e o que passa a valer são fatos e ações claras e positivas, visando o bem coletivo, exatamente como o Evangelho exige e o Espiritismo ensina e realiza.

Assim, pois, que este esforço de difusão maior, dos operosos trabalhadores do Espiritismo ganhem alento e se lancem para mais longe, numa promoção organizada e inteligente, para mostrar ao mundo o que a Doutrina dos Espíritos representa como elemento espiritualizante e cristianizador, de indivíduos e coletividades, no solo abençoado deste imenso Brasil.

29

NÃO HÁ ALTERNATIVA

Os adeptos de outros credos e os materialistas, na incidência de mediunidade neles mesmos ou em familiares, procuram negar o fator e encobri-lo ignorando as conseqüências perigosas e imprevisíveis que sua atitude pode provocar.

Quando a doença é material chamam o médico mas, quando é espiritual, (obsessão por mediunidade) fogem à realidade e sentem-se diminuídos ou irritados com a ocorrência; ignoram que nestes casos o único tratamento é o desenvolvimento, metódico e progressivo, realizado em Casa Espírita competente.

Quando assim agem, tudo se regulariza e os "doentes" se tornam úteis à coletividade, escapando de serem incluídos nas fileiras dos milhares que se arrastam pela vida miseravelmente, pasto de perturbações psíquicas das mais variadas naturezas.

Não há que temer a mediunidade em si mesma mas, sim, a negligenciação do seu desenvolvimento e utilização em bem do próximo.

Por outro lado são inúteis as tentativas de eliminá-la, como se fosse uma doença comum ou um estigma de inferioridade quando, muito ao contrário, ela é um cajado de sustentação em jornada difícil, ferramenta admirável de trabalho e de cooperação evangélico-social.

Não há alternativa quando ela surge: ou educá-la, desenvolvê-la, utilizá-la evangelicamente, cumprindo neste caso um alto dever humanitário e de benefício próprio, ou tergiversar, fugir ao seu próprio destino, desertar do cumprimento do dever, deitar fora uma feliz oportunidade de progresso espiritual e fracassar lamentavelmente, passando a vida inteira sob a ação de forças espirituais inferiores porque, no primeiro caso, o convívio seria com entidades moralizadas e benévolas, que ajudam, dignificam e, no segundo, com Espíritos inferiores, que só produzem malefícios ou, no mínimo, fazem perder preciosa oportunidade evolutiva.

30

MOISÉS

Considerando-o, unicamente, como um missionário do Plano Maior, aceitando como verdadeiras as narrativas do Velho Testamento e atentando para o vulto de suas atividades, a natureza delas e as conseqüências que produziram no mundo, marcando novos rumos às coletividades pagãs; temos de admitir que Moisés era uma entidade de alta condição espiritual, um enviado divino que realizou sua missão de forma perfeita, beneficiando a humanidade, nos termos e nos limites que lhe foram marcados.

1º) Porque o Plano Diretor do orbe não confiaria a qualquer Espírito de mediana estatura moral missão de tal envergadura, de tão relevantes proporções e de conseqüências tão profundas na evolução espiritual do mundo.
Devotando sua vida, como o fez, parte na preparação e parte na execução da ingente tarefa de educar um povo semibárbaro para a crença de um deus único, Moisés demonstrou excepcionais valores.

2º) Porque conseguir, como conseguiu, a união e a obediência de um povo como aquele, de centenas de milhares de escravos hebreus, núbios e árabes; conduzi-los a desertos ásperos e inóspitos, mantendo-os ali durante mais de quarenta anos entre trabalhos, privações, desconforto, lutas e renúncias, com a só promessa de integrá-los na posse de uma terra a conquistar alhures, isso torna evidente e inegável essa alta condição espiritual.

3º) Porque a sua desmedida coragem, paciência, fé inquebrantável, diariamente postas à prova; suas notáveis qualidades intelectuais; e a incomum autoridade moral, várias vezes autenticada pelo Alto, atestam, sem dúvida alguma, qualidades exponenciais de um verdadeiro missionário divino.

4º) O apoio irrestrito que lhe foi dado durante esse longo tempo pelo Alto e que sua poderosa organização mediúnica veiculava para a produção de surpreendentes fenômenos físicos, também atestam essa superioridade espiritual.

Compreendido isso é fácil admitir que as passagens referentes a crueldades, morticínios, execuções coletivas e devastações, que constam do Velho Testamento, jamais teriam sido ordenadas e muito menos executadas pelo grande Condutor, como também os sacrifícios rituais de sangue, próprios de povos primitivos, ações essas que contrastavam asperamente com a crença em um Deus único, supremo e justo, que intervinha de forma tão concreta para a redenção desse povo peregrino nos ardentes desertos de Paran.

Considerando, pois, que Moisés era incapaz de tais atos e tendo estado ele, todo esse longo tempo, no comando desse povo peregrino nos ardentes desertos de Paran, Sur, Negeh e outros, fácil será também concluir que tais passagens são interpolações ou substituições efetuadas mais tarde nos seus ensinamentos verdadeiros, após a sua desencarnação no Monte Nebo, pelo clero interessado nelas.

As qualidades que ornam e caracterizam os Espíritos de elevada condição são justamente o oposto do que narra esse testamento religioso; e se ali se inscrevem é porque, a toda evidência, isso convinha àqueles que, após sua morte, dominaram o país por muitos séculos.

Jesus dizendo que não vinha revogar a Lei mas dar-lhe cumprimento, certamente que se referia aos Dez Mandamentos, lei básica, ditada do Alto para as gerações daqueles dias mas endereçada, também, aos pósteros, no decurso do tempo.

A história verdadeira daquele povo, no período em que viveu no deserto, foi escrita pelos Notários, membros do Colégio dos Setenta Hierofantes que Moisés organizou para as funções de conselheiros e dirigentes do culto, que se processava ao redor da Arca da Aliança, templo móvel que acompanhava o povo nos seus deslocamentos coletivos; a mesma que, após a conquista de Canaã, séculos depois, já nos tempos do rei Davi, foi transferida para a nova capital, Jerusalém, até que seu filho Salomão construísse o Grande Templo que, nos dias de Jesus, ainda era o centro ativo do poderio interno do povo israelita.

E nessa história, conservada pelos antigos essênios não constavam tais atos de crueldade e ignorância, incompatíveis com a condição espiritual do grande missionário.

31

Lendo se Aprende e se Serve

Todos sabem que lendo se aprende — e com liberdade de escolha para selecionar o que mais convém ou o que mais agrada. Não se lendo fica-se sujeito àquilo que nos oferecem ou inculcam, nem sempre sendo possível ajuizar do seu valor e autenticidade; como também grandemente se restringe o campo das informações e dos conhecimentos.

Por isso é que se atrasam na evolução e no desenvolvimento os países nos quais é avultado o teor do analfabetismo.

Em nosso país esse índice é ainda muito alto, porém entre os espíritas, ao contrário e felizmente, é bem menor, conquanto ainda precário no que se refere ao hábito sadio e enaltecedor de ler e estudar.

Essa situação, entretanto, era muito pior há umas duas décadas, antes que se enveredasse pelos caminhos amplos e arejados da criação dos cursos e das Escolas de Aprendizes do Evangelho existentes que vêm, desde então, despertando a ânsia de saber e através das quais têm passado milhares de alunos.

E como o exemplo tem sido seguido por muitos, dentro e fora do Estado, pode-se dizer que está se abrindo uma nova era para a difusão e o prestígio da Doutrina dos Espíritos, que era tida, até não há muito tempo, como composta de fanáticos e ignorantes.

Mas isso não basta: é preciso que os espíritas cultivem empenhadamente esse hábito saudável da leitura e do estudo, como uma necessidade urgente e imperiosa, ler para se tornarem cultos, aptos e eficientes na prestação de ajuda, em escalão mais amplo, à difusão doutrinária no campo social pelo trabalho e pelo exemplo;

para se poder então e em curto prazo afirmar que o Espiritismo é seguido por pessoas de todas as classes, com predominância dos mais humildes, mas cujo grau de cultura doutrinária, de forma geral, é amplamente satisfatória.

Doutra parte isso valerá também como forte auxílio e estímulo às empresas editoriais espíritas, que lutam denodadamente e com pesados sacrifícios, para levarem a bom termo suas meritórias tarefas de impressão de publicações indispensáveis à difusão dos conhecimentos doutrinários nos meios espíritas e profanos.

Porque na realidade e infelizmente o que se constata, com raras exceções, dos mais humildes aos mais destacados dirigentes, é que muito pouco lêem ou quase nada, em relação ao que seria natural para adeptos de uma doutrina como esta, de redenção humana e libertação espiritual.

Isso a enaltecerá também neste aspecto e provará que ela realmente opera transformações fundamentais em todos os setores da vida humana.

Pois lendo e estudando os adeptos concorrerão para tudo isso.

32

Nem Só de Pão

As diferentes condições individuais de riqueza de bens ou de penúria têm raízes no passado, são incidências da Lei de Causas e Efeitos que os orientais resumem na palavra "Carma" sendo, portanto, justas e necessárias aos seres em evolução, porque são elas que permitem o aprendizado e as alterações que se operam na vida de cada um durante as sucessivas encarnações, visando a espiritualização.

Essas condições podem ser compulsórias ou outorgadas a Espíritos que as solicitam para a realização de experiências encarnativas de que careçam; uns pedindo riquezas, para dominarem a ambição que delas têm e outros pedindo pobreza, para conquistarem as virtudes da conformação e do desprendimento do mundo material.

A Lei nos dá sempre o que precisamos; o que deseja riquezas, na certa que as obterá, para que dessa ilusão se liberte e o que opta pela pobreza, da mesma forma a terá, para que vença o egoísmo e se engrandeça na humildade.

De maneira que quando acudimos a nossos semelhantes necessitados, oferecendo roupa, remédio, alimento e abrigo, cumprimos um dever de fraternidade, mas não o beneficiamos com o afastamento das condições que lhes são próprias, nem lhes resolvemos problemas encarnativos, pois que estes possuem muitos outros aspectos e dependem de muitos outros fatores.

As instituições espíritas, que se dedicam especialmente à caridade pública, devem ter em conta que sua generosa atividade não representa um fim mas, simplesmente, um meio de ajudar em uma necessidade de momento, não olvidando que o mais importante é o encaminhamento do necessitado às situações que lhe facilite o cumprimento dos seus compromissos encarnativos, dando-lhe conhecimento das leis espirituais que regem o problema; esta providência e não a primeira é que representa a verdadeira caridade.

Podemos suprir o necessitado de tudo o quanto no momento necessite e nem por isso lhe daremos o impulso de mover-se no sentido da ascensão espiritual, pois que esta depende de livre-arbítrio, de decisão própria e isso somente pelo esclarecimento espiritual poderá ele obter.

Inúmeras instituições religiosas ou leigas, devotam-se ao atendimento material e esse esforço não tem fim porque o problema permanece e, muito ao contrário aumenta de vulto à medida que o tempo passa e cresce assustadoramente a população do globo, aumentando sempre o número de necessitados e diminuindo, infelizmente, o de espiritualizados.

Portanto, já que o esforço deve ser feito, que se o faça com maior objetividade e perfeição, visando mais o futuro do necessitado que o presente, isto é, mais o espírito que o corpo.

É óbvio que não se pense em desampará-lo, nem afrontá-lo com oferta de doutrina, negando-se pão; nem quer dizer que se ignore ou esqueça o lema espírita "Fora da Caridade não há Salvação", frase perfeita na sua significação porque, quando se pratica a caridade em impulso espontâneo e sincero, é porque já se atingiu o ponto de sentir dentro de si mesmo o amor ao próximo universal, que é a lei maior da Criação Divina; o indivíduo já suficientemente evangelizado sentindo a necessidade alheia como a sua própria. Porém, em sentido geral, devendo-se ajudar, ajude-se de preferência no sentido mais importante e decisivo para a evolução do necessitado e não somente no transitório.

E isso foi bem demonstrado por Jesus quando disse que "Nem só de pão vive o homem"; e quanto a caridade, também o demonstrou na parábola do samaritano: o indiferente que passa e não acode e o mais evangelizado que o faz e segue seu caminho, mas deixa plantada no coração do necessitado a semente da gratidão, do conhecimento da Lei Eterna da Fraternidade universal, que paira acima de contingências humanas.

O esforço dos servidores espíritas é dignificante em nosso país, porém muito mais o será se visar mais diretamente o sentido construtivo da oferta do esclarecimento, que aproxima o homem de Deus, abre-lhe caminhos de redenção; se não somente alimentar o corpo mas principalmente engrandecer o espírito; e se, para efetivar a oferta de modo realmente construtivo, criar nas Casas Espíritas cursos e escolas, para conhecimento doutrinário e vivência evangélica.

Porque até aqui tem-se feito o menos cuidando-se mais do corpo que do espírito.

A caridade tem vários aspectos e não é exercida igualmente por toda parte, pois caracteriza-se nas formas que correspondem aos diferentes ambientes em que o Espírito evolui.

A caridade de ofertar recursos materiais é própria de mundos inferiores como o nosso — de expiações e de provas — e onde o espírito de fraternidade é privilégio de poucos; mas deixa de existir dessa forma em mundos mais evoluídos, onde não há necessidade dessa espécie, porém nos quais o amor é a oferta de todos; o elemento que congrega os seres, aproxima corações, ilumina espíritos e dá felicidade.

E como o Espiritismo é doutrina que impulsiona para mundos melhores e mais altos, devemos desde já realizá-los na Terra, apesar dos apequenamentos inevitáveis, oferecendo a luz e o amor com o pão e não somente o pão com amor.

33

Cromoterapia e Ciência

É evidente que o conhecimento das cores se inscreve no setor do Espiritismo científico, conquanto a maior parte de suas realizações podem adequar-se ao Espiritismo prático, no campo das curas espirituais.

Apesar de que este conhecimento somente na atualidade está sendo generalizado ele é, todavia, muito velho e até mesmo óbvio: 1º) porque são patentes e visíveis na Natureza os coloridos ostentados por todos os seres, animados e inanimados; 2º) porque as cores foram sempre utilizadas pelo homem nos vestuários, nos adornos, nas construções, nas artes e assim diferenciadas, classificadas e vulgarizadas.

Na atualidade, com as descobertas científicas, notadamente no campo das ciências físicas e naturais, esse conhecimento avançou consideravelmente, merecendo estudos mais específicos que amplificaram sua utilização, inclusive na medicina.

Inúmeras são atualmente as aplicações das cores na ciência. Uma das mais recentes é a fotogrametria, processo moderno do estudo do solo e da confecção de mapas e levantamentos topográficos e geodésicos; os filmes utilizados nesse trabalho são sensíveis não à luz, mas a radiações térmicas infravermelhas: fotografa-se o solo a alturas variáveis até 12 mil metros, para conhecimento detalhado de sua superfície ou camadas inferiores.

Os filmes têm aparência de uma pintura abstrata, cada cor sendo associada a uma temperatura própria, donde se vê que as cores, além de outras características, possuem graus específicos e variáveis de calor — cores quentes e cores frias — como aliás vem sendo ensinado desde há algum tempo, nas Escolas e Cursos dos centros espíritas.

— "A cor é a linguagem da Natureza, diz Audrey Kargere, em seu livro "A Cor e a Personalidade" — e nossos olhos captam pouca coisa do muito que ela transmite para alimentar nosso organismo físico.

Ela desempenha papel mais importante nos fenômenos do mundo abstrato que do mundo visível. Em ambos esses planos, entretanto, ela é o registro de vibrações mais exato descoberto até agora.

"Realmente, prossegue o Autor, só através da beleza da forma, da cor, do perfume, do som e do movimento, pode o divino expressar-se em toda sua riqueza e plenitude."

O som, o perfume e a cor, conclui, podem ser chamados o tridente da afinação cósmica."

Todas as coisas que formam a criação divina, manifestada, possuem vibração específica: a luz é a vibração que se manifesta pela cor.

Eis como Walter Russell, renomado filósofo, se expressa a respeito: "Tudo o que existe é luz e esta, muito pouco conhecida, está sendo negligenciada pela humanidade.

Durante anos venho dizendo que a luz é a linguagem de Deus para falar aos homens... Seu universo é feito por ondas de luz. As ondas de luz são registradas em cores, segundo a freqüência ondulatória e as pressões que afetam as condições dos corpos.

Alterando as pressões, conclui, alterareis as condições. Esse fato constitui a base da cromoterapia."

Eis uma relação de cientistas, escritores, médicos e estudiosos, anteriores e atuais, de muitos setores do conhecimento, que trataram deste assunto e continuam a fazê-lo, dedicando-lhe porfiados e valiosos labores (transcrição do livro citado):

Edwin Babbit — pensador, autor do livro "Os princípios da luz e das cores", Reichenbach — cientista austríaco, descobridor da força ódica; professores Tundal e Ritter; Berzelius, químico de Estocolmo; Elliotson, da Real Sociedade de Cirurgia de Londres; Gregory, do Colégio de Edimburg — Forbes Winslow, autor da obra *A Influência da Luz*; Pascost, especialista em tratamento pelas cores; Adolf von Gerhardt, da Alemanha; John Herschel; Downs e Blunt, da Inglaterra; Rhine, norte-americano; Jules Guerin, perito em cores; médicos L. E. Landon e Ellsworth — Sociedade Médica de Berlim; Hospital de Caridade da Faber Birren — Worcester States Hospital: William A. Brian; Denver States Hospital — Boston Psychopatic Clinic — Spectro Crome Institute de Málaga, de Nova Jersey — Francis J. Kolar, Institute M. Aquariano de Percepção da Cor, de Hollywood; Center Brigton de Saúde de Londres; Iva Berg Witten — Lord Cliford — Endlicher da Áustria; J. R. Buchanan, psicologista; William Ludlow, arquiteto norte-americano; Ernest J. Stevens, engenheiro e técnico de cores e muitos outros, de nomes conhecidos e admirados.

Vários deles, mas notadamente Buchanan, Reichenbach, Elliotson, Berzelius e Gregory, utilizaram em suas investigações, faculdades psíquicas de médiuns competentes.

Os espiritualistas em geral não podem ignorar ou deixar de lado a cor, elemento natural tão importante, fundamental mesmo, dada sua generalização fenomênica em todos os planos da criação divina.

E os espíritas em particular, considerando a larga faixa de conhecimentos do mundo etéreo e a ampla utilização que as cores oferecem nas atividades doutrinárias, sobretudo na assistência espiritual que é padrão expressivo do sentido evangélico da Doutrina Espírita.

Nos dias atuais, quando os horizontes do conhecimento se alargam tão depressa em tantos sentidos, como que numa antecipação do que será a vida nos dias futuros, a cromoterapia será, sem a menor dúvida, valioso recurso de atendimento às necessidades físicas e à evolução dos homens.

Se é ainda restrita e duvidosa a participação dos espíritas nas atividades do setor científico da Doutrina, por motivos óbvios, é bom considerar que tudo o quanto concernir à cromoterapia poderá ser, de certa forma e em determinados limites, porta larga e acessível de iniciação, por se tratar de conhecimento que oferece comprovações e permite realizações de resultados imediatos e objetivos em muitos aspectos e circunstâncias do trabalho doutrinário.

É bom também lembrar que estamos atingindo uma época em que o Espiritismo está a exigir, para mais franca expansão e entendimento, um teor de cultura mais amplo e generalizado, que possa beneficiar a maior parte dos adeptos.

34

CONTINUIDADE DE AÇÃO

Considerada a situação atual, em que mudanças profundas ocorrem em todos os setores da atividade humana, inclusive na religiosa, com deslocamento dos valores antigos para níveis subalternos, com subversão, em muitos campos, da estabilidade do mundo moral, não deverá omitir-se o trabalhador, sobretudo o discípulo, acomodando-se ao pouco que já realizou, mas enfrentá-la; não concorrer para o frenamento da expansão doutrinária e para a rotina, mas, muito ao contrário, acelerar o ritmo da difusão em todos os sentidos, para que se leve a verdade espiritual, em sua mais elevada expressão, a todas as partes. Este é o sentido mais profundo do "Ide e pregai" ordenado por Jesus aos Apóstolos.

A evolução sacode e arrasta a humanidade irresistivelmente, sem embargo das oposições materialistas, assim como um caudal violento arrasta gravetos no seu dorso encapelado; nada pode permanecer imune ao movimento, alheio a esse tumulto geral, perante o qual as negligências são perdas de oportunidades preciosas e a inércia, apagamento e morte, por incapacidade de integração na movimentação irresistível.

Quando tudo evolui tão rapidamente, porque estamos em fim de ciclo, e desmoronam os falsos pilares de crenças que pareciam eternas, que assim pagam o preço da transitoriedade; quando a ciência, fria e calculista, derrubando crendices e superstições superadas, que forjaram poderes e grandezas efêmeras, invade o Cosmo, buscando resposta a interrogações respondíveis somente à luz de conhecimentos espirituais verdadeiros; quando a pouco mais de um século Kardec, o insigne missionário, com sua visão aberta para o futuro, e na previsão das alterações inevitáveis, advertiu sobre o perigo das estratificações doutrinárias, justamente porque há sempre progressividade na revelação, jamais definitiva, mas sempre sujeita ao transformismo da eterna ascensão, que outra atitude a tomar pelos responsáveis pela expansão doutrinária, senão abrir as portas e oferecer aos nossos semelhantes, através de escolas de iniciação, populares e objetivas, a mensagem redentora de Jesus em toda sua capacidade de penetrar as almas, comovê-las e redimi-las, não só pela beleza, como pela força imanente e poderosa de amor que encerra? Que melhor combinação que preparar adeptos para as felizes etapas da vida futura, nesta abençoada Terra que habitamos hoje?

Porque o setor religioso da Doutrina é o único que possui, nos dias que vivemos, a capacidade redentora intrínseca.

Este foi o rumo impresso e a base em que se fixou a Federação Espírita do Estado de São Paulo para a execução da tarefa espiritual que lhe foi atribuída pelo Plano Espiritual Superior.

E hoje, o alto prestígio público e doutrinário que a casa conquistou, conta do passado de esforços, sacrifícios e renúncias dos trabalhadores que a edificaram; e os frutos sazonados que espalha são a alegria dos seareiros das diferentes horas, que atenderam o chamamento do Senhor da vinha.

Prosseguir, pois, para diante, no mesmo ritmo dinâmico e construtivo, esse é o dever das gerações que se sucedem, com os encargos das novas semeaduras.

E para elas esta é a prece dos que vieram antes: "que sejam fiéis, Senhor, e acrescentem algo à sagrada construção do Bem no mundo".

35

Jesus Voltará?

É corrente o ensinamento doutrinário segundo o qual o Divino Mestre não mais voltará a conviver na Terra com seus habitantes, como outrora na Palestina; que, tendo deixado ao mundo o legado precioso do Evangelho, este bastará para operar nos homens, com o correr do tempo, as transformações morais indispensáveis à sua redenção.

Esse ensinamento, todavia e de certa forma, colide com o Evangelho nos pontos em que Ele mesmo, o Mestre, promete sua volta nos dias finais, para selecionar e separar os bons dos maus.

Pela vidência profética de João não se mostrou Ele, sentado em um trono de glórias, efetivando esse julgamento?

E os Apóstolos, que durante os dias da propagação, após sua morte na cruz e aos quais assistia de forma direta e constante, não transmitiam o mesmo ensinamento e de forma tão positiva que parecia ser de ocorrência daqueles mesmos dias?

E quantas outras referências a esse respeito!

Mas o Plano Maior difunde revelações como convém ao seu alto critério e não segundo a lógica humana simplesmente intelectual.

O fato é que transcorrido o tempo, vemos agora que o Evangelho não se difundiu como se esperava, de forma ampla e geral, salvo em alguns aglomerados humanos mais lúcidos, e a humanidade agora se precipita por caminhos ínvios, afastados das verdades espirituais e dos conhecimentos mínimos necessários a um aproveitamento judicioso do tempo encarnativo e, assim a descoberto, enfrenta os dias finais deste ciclo, que está se fechando inapelavelmente; como também vemos dominarem em muitas partes a mais lamentável desorientação religiosa, a licença, o desenfreio moral, a materialidade impiedosa e todos os demais sinais característicos da decadência que precede as grandes mudanças históricas da civilização humana.

Mas, felizmente, também se vê, em todo esse panorama desalentador, uma luz viva que brilha nos céus escuros, numa refulgência que dia a dia cresce de vulto e alcança mais longe, como um chamamento, um auxílio divino e uma esperança: a Doutrina dos Espíritos, que traz em mãos a promessa generosa do Paracleto Consolador; a mensagem cristã, também predita e prometida e que em nosso país fixou alicerces inamovíveis.

E mensagens agora recebidas confirmam que a humanidade está grandemente necessitada de um forte e decisivo impacto espiritual, para superar a negatividade generalizada e retomar caminhos certos e justos, enquanto soa um tempo propício no calendário cósmico.

Contam elas também que se realizam nos Planos Espirituais reuniões especiais em que se cantam louvores ao Divino Condutor, e entidades de elevada hierarquia descem de planos mais altos, para confraternizarem nesses louvores e explicarem os motivos dessa nova vinda.

Todos sabemos o quanto é delicado e doloroso o sacrifício de entidades espirituais de tão elevada condição hierárquica em abandonarem as claridades gloriosas dos seus reinos para descerem a este mundo escuro, discordante e saturado de maldade; e quanto tempo essa descida exige para as adaptações sucessivas, através das inumeráveis esferas vibratórias, cada vez mais densas, até que atinjam este nosso mundo inferior.

É natural, pois, que meditemos sobre isso e imaginemos em que condições e circunstâncias tal acontecimento se daria; e quais as reações e conseqüências que provocaria neste nosso ambiente pesado, tumultuoso e desorientado.

E podemos até vislumbrar uma situação muito bela para este nosso país, predestinado, pelo alto teor de fraternidade que aqui existe, irmanando habitantes vindos de todas as partes do mundo em harmoniosa convivência, muito mais real e perfeita que em qualquer outra nação do globo.

Melhoremos, pois, nosso ambiente nacional, evangelizando-nos, colaborando assim para tornar mais suaves e mais fáceis as manifestações do mundo espiritual, nesse período de preparação que se anuncia dos céus.

Colaboremos desde já para o saneamento ambiental do país, para que a predestinação não fique somente no título; para que o Brasil seja realmente o farol que iluminará o mundo de claridades novas e mais puras e possamos, assim, também participar, desde já, da vida espiritual mais perfeita que caracterizará a humanidade dos dias futuros.

Combatamos inferioridades, pensamentos negativos e malévolos; desprendamo-nos das atrações ilusórias do mundo material; purifiquemo-nos ingressando nas escolas de iniciação evangélico-espíritas, onde se procede a uma rigorosa reforma íntima dos adeptos, único meio de evoluirmos mais depressa, recuperando tempo perdido em inutilidades e desvarios; tornemo-nos discípulos, porta-vozes autorizados do Grande Espírito condutor do planeta e estabeleçamos desde já as marcas de nossa redenção individual, nesta terra abençoada do nosso imenso Brasil.

36

Redenção pelo Amor

Os Espíritos desencarnados trazem constantes mensagens de libertação e promessas de vida melhor, em mundos melhores, onde reinam amor e alegria: e pouco exigem além de amor, vivência evangélica e respeito às leis de Deus.

Precisamos difundir essas mensagens em altas vozes para que elas, neste turbilhão angustiante que é a vida moderna possam ser ouvidas e analisadas.

Condensando as mensagens no slogan: "libertação pelo amor" estaremos agindo com sabedoria.

Este slogan não conflita de forma alguma com as necessidades da vida moderna nem foge, ao mesmo tempo, às realidades da vida espiritual estereotipada no Evangelho de Jesus.

Os defeitos morais e os vícios que proliferam nas almas e se multiplicam na atualidade por toda parte, fruto de uma civilização incoerente e desorientada, escravizam e cada vez mais dominam os seres humanos; mas, combatendo-os com a evangelização e o amor, nos libertaremos dessa trama inextrincável de paixões, desenfreios de sexo, ambições de toda espécie, brutalidades e ódios que envenenam indivíduos, nações e povos.

A base da evangelização é o amor, caminho mais curto para a alegria e a felicidade, de que gozam os seres mais evoluídos.

O conhecimento dessa realidade liberta o homem e derrota a materialidade inferior. Os Espíritos encarnados e as casas espíritas têm hoje dois caminhos bem definidos a escolher: permanecerem na rotina da vida comum, cristalizando-se, ou engrandecerem-se, lutando pela finalidade principal da Doutrina que é a redenção pelo amor.

37

EFETIVANDO A CODIFICAÇÃO

Uma doutrina não se implanta somente pela força de um código que, mesmo quando seja estrutura fundamental, sempre exige uma expressão filosófica, uma filiação a verdades preexistentes, e plasmagens ideológicas em objetivações concretas no mundo físico.

Assim é a Criação Divina: ação mental expressada em amor e moral universais transfundidos, no mundo material, em fenômenos vitais objetivos.

No caso da Doutrina dos Espíritos assim também é: um código e uma ética magistralmente elaborados por Kardec, na base religiosa do Evangelho de Jesus, traduzido numa filosofia de redenção espiritual humana, e plasmado no campo material em uma fenomenologia convincente e uma vivência de efeitos construtivos e realizadores.

No setor científico e logo após ao lançamento, com o concurso de cientistas de renome, veio o exame, a crítica e a autenticação dessa fenomenologia; no filosófico, eminentes colaboradores difundiram os conhecimentos e as regras codificadas num generoso esforço que prossegue em nossos dias com o concurso, não menos valioso, de competentes e autorizados companheiros; e, no religioso, além da assistência social, que desde então existiu, pelo menos no Brasil, criam-se agora por toda parte, escolas e cursos de iniciação que popularizam e divulgam a Doutrina na sua verdadeira significação esclarecedora-evangélica.

Desta forma o código inicial vai sendo efetivado, desenvolvido, difundido, numa crescente atividade realizadora, nos dois Planos, visando a espiritualização do mundo para graus mais avançados de evolução.

Mas toda a doutrina exige uma vivência que produza benefícios reais no campo coletivo; esta é que a torna revelada, realizada nas finalidades que tem em vista; vivência objetiva, que comporte regras e procedimentos, para que não seja unicamente uma idéia abstrata, um ideal platônico, uma meta inatingível, sem utilidade no presente e sem seguimento no futuro.

Essa parte moral-religiosa da Doutrina dos Espíritos, a mais significativa e fundamental, vem sendo em grande parte efetivada e está ainda em pleno curso, com ampla margem de objetivos a alcançar nos dias mais próximos, nessa meta maior de evangelização para redenção.

E, torna-se evidente que não deve haver alterações de estrutura, para que não se desarticule o conjunto, salvo no mais necessário, na forma de ampliações prudentes, ou complementações de utilidade comprovada, porque foi construído nessas condições, corresponde às realidades espirituais e às necessidades do momento; e falhas e insuficiências próprias de empreendimentos como este ainda em fase de aperfeiçoamento foram, no devido tempo, corrigidas e ajustadas, e, nos pontos em que as limitações de caráter humano formaram impedimentos, as correções vieram também em tempo justo e hábil, da parte dos instrutores dos dois Planos, para que tudo atingisse as metas prefixadas.

Essas realizações formam um longo período que está agora em vias de encerramento, para abertura de outro que, da mesma forma, deverá ser altamente proveitoso para o prosseguimento desta caminhada edificante de tão gloriosa significação espiritual.

38

DUAS FORÇAS PODEROSAS - I

Oração proferida pelo Autor por ocasião da solenidade da passagem dos alunos da 14ª Turma da Escola de Aprendizes do Evangelho para a Fraternidade dos Discípulos de Jesus, na sede da Federação Espírita do Estado de São Paulo:

Queremos manifestar, primeiramente, a alegria com que sempre comparecemos a solenidades como esta, quando trabalhadores que perseveraram na preparação, vão se lançar ao campo das testemunhações, tornando realidade os ensinamentos que receberam, como também saudar os dirigentes e auxiliares que, com seu devotamento, tornaram possível essa promissora realização.

Ao invés de simples palavras improvisadas, achamos melhor oferecer aos aprendizes que passam a servidores e aos que se transferem para a Fraternidade dos Discípulos de Jesus, algumas considerações um pouco mais desenvolvidas sobre esta Escola e seu passado histórico; e desejamos fazê-lo como se falássemos a todas as turmas que por aqui passaram antes, bem como àquelas que vierem depois desta porque, como todos nós sabemos, os homens passam, mas as instituições, quando boas, permanecem.

Caros Aprendizes...

Quando esta Escola se inaugurou, em maio de 1950, a par do alvoroço causado pelo acontecimento, fizeram-se reservas discretas, porém justas, sobre o fato de não possuírem os homens autoridade espiritual para conferir o título de discípulos de Jesus aos membros desta Fraternidade.

O alvoroço era natural que houvesse, por se tratar de

iniciativa, que sacudia a rotina, sempre estagnadora; iniciativa arrojada de uma escola que fazia exigências inusitadas como esta, por exemplo, da obrigatoriedade da reforma íntima, ou esta outra, ainda mais rigorosa, da vivência evangélica a substituírem as simples e costumeiras interpretações literárias dos textos e o ritmo da vida comum, como era entendida e adotada por cada qual.

Sobre estes pontos que já temos, aliás, procurado esclarecer, anteriormente, e que ainda agora se reiteram no livro *O Guia do Aprendiz*, desejamos acrescentar que essa obrigatoriedade de aperfeiçoamento moral é exigência rigorosa do próprio Evangelho, quando interpretado com objetividade, pois ali está escrito "que os homens velhos devem transformar-se em novos e mais perfeitos, para terem méritos de admissão ao Reino de Deus"; e mais: "que não adianta remendar roupa velha mas, sim, fazê-la nova"; e ainda: "que não se põe vinho novo em odre velho", tudo para dizer que é indispensável a transformação espiritual para se poder evoluir.

Mas, antes mesmo destas sábias pregações de Jesus, esta exigência já era fundamento de religiões e filosofias antigas, altamente respeitáveis, na esteira das quais o Espiritismo veio, como prolongamento ou remate, mas em terreno de muito maior significação espiritual e objetividade; de objetividade sim, porque esta é também uma singular característica do Evangelho cristão dos primeiros dias.

E, como não podia deixar de ser, faz parte também da dinâmica do próprio Espiritismo, quando ensina que os erros devem ser reparados pelo amor ou pela dor, em provações dolorosas, até o último ceitil, justamente para promover essas transformações íntimas; como também é sabido que nos mundos baixos da escala evolutiva essas transformações geralmente só se operam pela dor, com esforço, sacrifício e renúncias.

Tudo isto foi dito antes e continua a ser dito agora, para compelir os homens a reagirem contra si mesmos nos seus defeitos, visando a conquista de padrões mais elevados de espiritualidade.

A conquista do Reino, como se dizia antes, traduz-se hoje como reforma íntima e o castigo do ranger dos dentes nas trevas exteriores, entende-se agora como o sacrifício de novas reencarnações punitivas após o próximo selecionamento da humanidade.

Tudo isso era e continua a ser obrigatório, imperativo, não-aleatório ou transigente, porque se se falava antigamente a crianças-homens, fala-se hoje a homens-crianças, que ainda o são apesar de somarem quase vinte séculos de civilização e experiências em todos os campos das atividades humanas; é obrigatório principalmente agora, quando há muitíssimo pouco tempo para se arriscar em comodidades iludindo a redenção própria; esse é o problema mais cruel, não mais passível de contemporizações.

Se tivesse havido sistemas educativos religiosos, que provassem bem nestes quase dois mil anos de tempo transcorrido, certamente que resultados melhores teriam apresentado e não estaríamos agora nesta difícil e lastimável condição de humanidade retardada.

O Espiritismo veio justamente para sanar esta falha e, como última religião a surgir, deve ser a mais esclarecedora.

Quanto ao título de discípulos, apesar das reservas feitas, foi ele mantido e melhor compreendido porque realmente não se tratava de conferir diplomas de sabedoria ou qualidades humanas que não se podem improvisar e, às vezes, custam séculos de esforços continuados.

A Escola é de simples aprendizes, humildes e idealistas; não transforma a estes em discípulos, neste sentido imaginado de hierarquia superior, mas prepara-os para isso; a eles mesmos é que cabe, depois, fazerem-se discípulos pelas obras, pela conduta, pelas virtudes que demonstrarem na vivência e na testemunhação no meio social, em pleno livre-arbítrio, livre escolha e decisão, agindo no sentido do bem, engrandecendo-se ou, em sentido contrário, retrogradando, o que dificilmente cremos poder acontecer em se tratando de membros de uma Fraternidade como esta.

Os que terminam hoje sua preparação e passam a discípulos, não tenham pois ilusões sobre títulos; nem repousem em paz, pois que a verdadeira luta para eles realmente é agora que começa, em mais livres porém responsáveis atividades, porque agora não mais estarão custodiados pela Escola ou por dirigentes humanos, mas diretamente subordinados ao Plano Espiritual.

Se foram dignos até aqui e se prepararam, devem confirmá-lo agora na vivência por conta própria, como acontece com muitos outros que por aqui passaram, sendo hoje discípulos verdadeiros, carregados de méritos.

Se, na preparação que hoje termina, venceram vícios e maus costumes porventura existentes e se adequaram a uma conduta padrão muito honrosa, mantenham-se nesse mesmo teor de retidão daqui por diante, se venceram defeitos e conquistaram virtudes, prossigam no mesmo esforço fazendo-se cada vez mais perfeitos e evangelizados; lutem para não se depreciarem, não se diminuírem ante si mesmos, ante aos companheiros mas, sobretudo, ante o Divino Mestre que tanto espera daqueles que amparou carinhosamente, para que não se desviassem, não se enfraquecessem na luta.

Não se esqueçam também, de que todos os nossos atos, pensamentos e palavras, são gravados indelevelmente nos arquivos da luz etérea, para a regulagem do nosso destino após a morte física; e também de que, se podemos facilmente esconder, no casulo da carne, com habilidade, transgressões e desvios, enganando ao próximo e ao mundo, a Deus não se engana, pois que Ele está sempre presente a tudo e em tudo.

Verdadeiramente têm vocês agora, amigos, uma alternativa decisiva e inevitável, a saber: prosseguir com Jesus, cada vez mais aproximados d'Ele ou se deixarem novamente envolver na trama do mundo material, desviando-se, ou na melhor das hipóteses, retardando-se dos companheiros mais felizes.

Essa alternativa tem hoje capital importância, às vésperas do selecionamento cíclico bem à vista; do ponto a que chegaram hoje é fácil prosseguir sempre por bons caminhos, mais difícil voltar a eles quando desviados, e ainda perdendo a feliz oportunidade de realizar um grande impulso ascensional em suas trajetórias evolutivas.

Que jamais se possa aplicar a vocês, a qualquer de nós, a frase expressiva que se dirige aos que falham, retroagem, por fraqueza ou desleixo, nos momentos decisivos da vida espiritual, frase que se refere "à porca lavada que volta ao lodo" ou ao "cão faminto que volta ao vômito", na figura pitoresca e simbólica do Evangelho.

39

Duas Forças Poderosas - II

Duas forças poderosas, mas negativas, agem agora no mundo, como agiram sempre, em circunstâncias semelhantes, visando destruí-lo espiritualmente: uma delas é o materialismo que nega a existência de Deus; julgando-a mera superstição mas que, contraditoriamente, adota a crença vazia da geração espontânea, pela força do acaso, outra é a ação das forças do Mal que rondam nossas portas dia e noite, visando o mesmo objetivo destruidor nos lares, na sociedade e nas almas humanas, tão torturadas e vacilantes, como estão hoje, atacando-as nos seus pontos fracos dos vícios e das falhas morais e elegendo como alvo principal a juventude inexperiente e impulsiva, que formará a humanidade da próxima geração e a esta hora já também bastante atingida e necessitada de mais adequado e direto apoio espiritual.

E esta situação dos jovens se deve, entre outros motivos, à falta de ideais elevados e empolgantes, à ausência de conhecimentos espirituais verdadeiros. Mas que ideal maior podem eles desejar que esse conhecimento espiritual impulsionador das almas para as esferas superiores da vida? Que outro maior que não o esforço consciente, a luta consciente, para a conquista da redenção e a superação da necessidade de novas reencarnações punitivas? Nenhum outro se pode a este comparar. Pois este ideal maior o aprendiz já certamente que possuía quando aqui chegou e nesta Escola, lutando, consolidou e desenvolveu; e agora que daqui sai como discípulo, está apto a difundi-lo no meio social, ensinando e exemplificando e assim provando com atos perfeitos que é digno do título que recebeu.

Se houve, há quase vinte séculos um deus-homem — o Cristo

— que sacrificou-se na cruz tornando imortais seus ensinamentos; e houve discípulos que morreram na propagação dessas verdades, aos discípulos de hoje cabe apenas a vivência delas porque agora, para propagá-las, não se precisa mais morrer, mas sim viver, mas viver com grandeza, utilizando as mesmas armas da fé, da presença, da coragem, do sacrifício e do desprendimento.

Tudo isso a escola ensinou e o discípulo aprendeu e deve ter incorporado para que possa pautar por essas verdades as suas atividades individuais; e só assim poderá dizer: realmente sou digno do título.

É oportuno repetir agora as palavras pronunciadas nesta mesma sala há mais de trinta anos pelo venerável diretor espiritual da Casa — Bezerra de Menezes (que agora nos está ouvindo) ao se dirigir aos homens vacilantes e atemorizados ante o vulto do empreendimento que se lhes propôs quando convocados para formar seu primeiro Conselho Deliberativo:

“Amigos, falou ele, por que vacilais em servir à humanidade? Não tendes porventura a espada da fé e o escudo do Evangelho? Isso não vos basta?”

Repetindo agora estas palavras queremos relembrar que na luta que se travou a partir de então, para a implantação dos rumos exatos das atividades espirituais em nosso Estado, e até onde esta Casa projetou sua influência benéfica, a vitória não foi das forças do Mal, mas sim das do Bem, como era de esperar; foi a vitória da fé e do Evangelho a que o venerável mentor se referia e dela milhares de nós até hoje se têm beneficiado e assim se continuará pelo tempo adiante, porque o que se desenrola nesta arena não é uma luta de interesses meramente mundanos, pessoais ou sectários, mas a batalha grandiosa pelo Bem Universal, que se desdobra sob o comando do Cristo planetário.

Tanto em relação aos que se promovem hoje a servidores, como aos que partem e são incluídos na Fraternidade dos Discípulos de Jesus, essas mesmas armas bastam para vencer, desde que haja fidelidade aos ensinamentos recebidos e firmeza no ideal de redenção pelo Evangelho.

Repetimos também as palavras de Jesus quando, para fazê-los enfrentar o mundo, lançou os discípulos na primeira jornada de propagação da Palestina:

"Ide e pregai, disse; curai os enfermos, socorrei os aflitos e levai a todas as partes a boa nova da salvação."

Pois amigos, nada há a acrescentar hoje a estas palavras, salvo no que se refere à liberdade de ação, que não havia antes e existe hoje em todos os sentidos, não havendo, portanto, lugar algum para temores ou abstenções.

O que posso pois desejar a vocês é que se façam discípulos verdadeiros, humildes, mas fecundos em atividades construtivas, seguindo sempre por caminhos limpos e claros, os únicos que levam ao Reino Prometido, onde Jesus a todos nós oferece o aconchego de seus braços generosos e as dádivas do seu divino amor, a felicidade, enfim, que todos nós desejamos.

UM IDEAL PARA OS JOVENS

No panorama tumultuado do mundo moderno, por toda parte os jovens se agitam, reivindicando vantagens, exigindo reformas. Competem nas ruas, nas indústrias, nas academias, por seus direitos, premidos pelas necessidades da vida material. Mas não se voltam para as conquistas de bens espirituais — (únicas permanentes e que são, justamente, o motivo principal desta vida encarnada) — buscando fora aquilo que somente encontrarão em si mesmos, pela auto-realização.

Todavia, nesse tumultuoso esforço de sobrevivência, destacado lugar lhes cabe, por mais despreparados que estejam, por mais desorientados que se encontrem no momento e por toda parte, inclusive nas áreas dominadas pelas ideologias materialistas.

Em nosso país o fato de centenas de jovens já se haverem filiado ao Espiritismo, significa que já amadureceram para uma melhor concepção de vida e melhor aproveitamento do tempo que lhes foi marcado nesta encarnação.

E se esses jovens completarem o gesto positivo, inscrevendo-se em escolas de iniciação espiritual como, por exemplo, as Escolas de Aprendizes do Evangelho que se reproduzem nas casas espíritas bem orientadas e dirigidas, poderão conquistar, mais rápida e seguramente, uma vida mais feliz no presente e no futuro.

Seguindo tais exemplos, se ingressarem nessas escolas, terão abertas largas portas para esclarecimentos maiores e mais verdadeiros sobre a vida espiritual, sem as limitações impostas pelas religiões dogmáticas e os formalismos de filosofias vazias de sentido construtivo, incompatíveis com as exigências do momento histórico que vivemos, neste fim de ciclo evolutivo.

Ao termo da formação os jovens tornar-se-ão membros das legiões sucessivas de cristãos verdadeiros que, ano por ano, se vêm formando, passando a pertencer à Fraternidade dos Discípulos de Jesus, com vasto campo de ação consciente e produtiva no serviço ao semelhante.

Contra a juventude trabalham forças maléficas e traiçoeiras vinculadas aos programas de envolvimento da Terra pelas forças do Mal; e estas têm alto interesse na desorientação dos jovens, que serão amanhã o governo do mundo, mas que podem, desde já, intervir nos lares, nas escolas e na sociedade em geral, disseminando sementes negativas de protestos, rebeldias, desordens, violências, amoralidade, concorrendo assim, fortemente, para a progressiva degradação da humanidade.

Encarnam hoje grandes levas de Espíritos que permaneceram séculos privados de reencarnação, por recalcitrância anterior em se conformarem com as leis de Deus e que hoje, como encarnados, a coberto de leis pacíficas e liberais, poderão redimir-se, reintegrando-se novamente no caminho da ascensão espiritual interrompida e assim resgatando pesados débitos do passado criminoso.

A juventude moderna já está grandemente contaminada pela generalização de vícios destrutivos como, por exemplo, o fumo, o álcool, as drogas, o sexualismo mórbido e também de ideologias ateístas, que só podem levar a maiores retardamentos evolutivos.

Certamente que não ficarão órfãos da proteção divina em futuro indefinido, mas sua recuperação atual é tarefa árdua e demorada de governos e particulares, pois carecem de confinamento, de assistência assídua e, sobretudo, de recursos afetivos que, somente famílias bem organizadas e moralizadas poderão prestar, em condições normais.

Se a juventude compreender que as medidas de protesto e as reações a que se entregam só podem levar à própria destruição; e se, em conseqüência, os jovens tiverem dignidade suficiente para voltarem as costas aos tóxicos e outros vícios, tapando os ouvidos às insinuações criminosas de companheiros igualmente viciados; e se puderem aspirar a um novo rumo, a uma vida mais feliz, por certo que se libertarão da desencarnação prematura a que estão sujeitos e se farão seres novos em atividades altamente promissoras.

E os ainda não-contaminados, mas padecentes do mesmo mal de indecisão de rumos ou desinteresse pela vida, estes, ainda mais facilmente vencerão, se se armarem de disposição firme de lutarem pelo seu destino, contra as próprias inferioridades e de se reformarem intimamente, lançando-se, depois, como discípulos de Jesus e a exemplo de milhares de outros que já o estão fazendo, ao campo tumultuado da vida coletiva, como homens renovados, apóstolos do Bem, mensageiros do Plano Espiritual para a difusão das práticas e das verdades que levam à redenção espiritual, realizando assim grandiosa e meritória tarefa.

Para essa redenção, é preciso saber, não há caminho mais perfeito que a vivência evangélica cristã-espírita quando devotada à propagação pelo exemplo, dos ensinamentos de Jesus que, segundo ele mesmo afirmou, é o caminho, a verdade e a vida, ninguém podendo ir ao Pai senão por Ele.

A juventude necessita urgentemente de apoiar-se em um ideal forte e construtivo, acima de horizontes meramente humanos; e nenhum ideal é maior e mais elevado que este, de dedicar-se ao serviço do Bem, ajudando a construir na Terra, desde já, alicerces sólidos da futura vida espiritual. Desta forma, como fracos ajudarão fortemente o próximo, como os fortes.

Estamos na hora destas tremendas decisões e cada um pode escolher livremente seu caminho, para as trevas ou para a luz, para a permanência nesta humanidade sofredora e retardada, ou para a ressurreição no reino espiritual, destinado aos humildes e idealistas que se venceram a si mesmos.

NOTA: Este é o setor da propaganda espírita que, no momento, necessita de mais amplos desdobramentos e mais assíduos cuidados por parte dos líderes, dirigentes e editores, não se esperando que as vicissitudes nos empurrem, mas antecipando-nos aos acontecimentos.

40

Pesquisas Reveladoras

Pesquisas de opinião pública sobre crenças populares do país, oferecem resultados que merecem meditação mais demorada.

O sincretismo umbandista, por exemplo, expandiu-se consideravelmente no nordeste, centro-leste e sul e, na Guanabara, região culta e porta de entrada do país, já conquistou duas cadeiras na Assembléia Legislativa; conquanto isso tenha sido conseguido, em parte, pela confusão existente entre Umbanda e Espiritismo.

Mas, mesmo não levando em conta o exagero da declaração, é de se reconhecer o importante significado dessa expansão considerando-se, entre outras coisas, o fato de não serem poucas as tendas de Umbanda que, discretamente, abandonam certos ritos e costumes primitivos, para se aproximarem das práticas espíritas criando, até mesmo, cursos de formação de médiuns, em bases aproximadas ao estabelecido pelo Espiritismo desde 1956.

Foi também confirmado nessas pesquisas que a seita tem mais ampla aceitação nas classes incultas, menos favorecidas da sociedade, o que, aliás, é sabido e natural que aconteça.

As áreas dogmática e protestante, estão sendo afetadas por essa expansão, à qual se junta a da seita dos pentecostistas que possui, segundo tais publicações, 60% de católicos aderentes e 10% de protestantes.

Quanto ao Espiritismo ele é dado como uma escatologia específica-religiosa, que se apropriou dos elementos morais do Evangelho e tem como suporte suas teorias sobre o destino dos homens; e cuja eficácia junto ao povo está no misterioso caráter das comunicações com os desencarnados e na substituição da doutrina da danação pela da evolução através de reencarnações e aperfeiçoamento moral como, também, a prática da caridade, sendo ilusões as curas e operações mediúnicas.

Mas o ilustre sacerdote secretário-geral do CNBB (Congresso Nacional de Bispos Brasileiros), referindo-se à situação religiosa do país e à diminuição da popularidade do catolicismo romano, diz que, entre outras causas dessa situação, predomina o fascínio do povo pelo sobrenatural e pelo mistério do mundo dos Espíritos, acrescentando que numerosos brasileiros, quando perguntados sobre sua religião, declaram-se abertamente espíritas, ao contrário de outros tempos, quando muitos espíritas se declaravam católicos. Isto é bastante expressivo.

Mas surgiram também declarações mais lúcidas e realistas, segundo as quais são reconhecidas as "boas" intenções do Espiritismo, como também a fé e a honestidade exemplares dos praticantes da Doutrina no seguimento dos ensinamentos do Cristo, linha essa de opiniões que classifica a Doutrina como um movimento pararreligioso.

Como a enquete é feita em áreas oponentes da Doutrina e a maioria dos declarantes desconhece não só as finalidades, como a essência estrutural e os princípios e leis que regem suas concepções e atividades operacionais, aqui não cabe argumentação em contrário ou contestações, mesmo porque a popularidade já alcançada pela Doutrina, inclusive nos meios dirigentes do país, é realidade que fala por si mesma.

O Espiritismo — doutrina espiritualizante por excelência — pela popularização que faz dos conhecimentos da vida além-túmulo; que tem a mediunidade como elemento marcante de sua criação, do intercâmbio entre mundos e de parte importante do atendimento a necessitados em geral, a ele caberia liderar esses movimentos, em torno ao ponto comum de interesse e de finalidade que é o Evangelho Cristão, para, dessa forma, cumprir sua missão de religião redentora que evangeliza e esclarece concorrendo assim, além disso, para que o nosso país possa também cumprir sua gloriosa predestinação de *Pátria do Evangelho.*

Mas, seja como for, é evidente que o Espiritismo está vivendo momentos importantes para o êxito de sua missão planetária, deparando agora com alternativas decisivas como sejam: atualizar-se e declarar-se doutrina aberta, evolutiva e universal, como deve ser, lançando-se assim, para horizontes mais amplos e iluminados, ou cristalizar-se em rotinas estagnadoras; multiplicar suas atividades, no setor religioso, incrementando a evangelização dos adeptos, com vistas à redenção deles, ou, optar por caminhos doutrinários mais suaves que, porém, nem sempre levam a bom porto, nestes dias prenunciadores de violências e de tormentas inevitáveis.

41

NÃO SABEM O QUE DIZEM . . .

Há, no Espiritismo, uma corrente de opiniões contrárias ao programa de trabalho de certas Casas Espíritas de maior movimento, que realizam curas espirituais em regime intensivo, devido ao grande número de necessitados que as procuram: acham que há exagero nisso, fanatismo e desviamento da linha justa da Doutrina.

Os que assim pensam, via de regra, desconhecem os benefícios que se espalham, o consolo que se leva a milhares; desconhecem o que se faz nesse setor e, portanto, falam levianamente; ou são corações frios que não sentem o que existe de construtivo e de belo na legenda tão conhecida do *"sem caridade não haverá salvação"*, muitos porque preferem o setor filosófico de debates, palestras, conferências e aplausos de tribuna; desconhecem o sofrimento humano e se esquecem de que este é o setor em que se manifesta o Consolador prometido por Jesus, pouco antes de seu sacrifício na cruz; não são pessoas adequadas para realizações desta espécie, que exige desprendimento, sacrifício, humildade, devotamento ao próximo, preferem as atividades mais cômodas das reuniões festivas, os recintos tranqüilos, as discussões amáveis sobre doutrina nos lazeres da vida comum; ignoram o esforço benemérito e edificante dos servidores que sacrificam tudo: repouso, comodidades, recreações, férias, conforto doméstico e até mesmo alimentação a horas certas e que se dão inteiros para cumprirem os seus deveres, sem compensações outras que as alegrias de serem úteis na silenciosa, porém, gloriosa testemunhação evangélica que a Doutrina exige de todos os seus adeptos verdadeiros.

E dessas provas humildes quem conta as horas e os dias?

E quem fotografa seus rostos ou bate palmas a seus sacrifícios?

Ninguém e nem eles mesmos, porque servem anonimamente e têm sempre presentes as palavras do Divino Mestre quando disse que a cada um seria dado segundo suas obras e não querem que se diga a respeito deles que já receberam neste mundo a sua recompensa.

São estes os que constroem o Espiritismo eterno...

42

TESTEMUNHAÇÃO EVANGÉLICA

"Caros amigos, servidores e discípulos de Jesus.

Nesta solenidade feliz, venho trazer minha solidariedade aos servidores que prosseguem e aos que passam a discípulos, aptos às testemunhações evangélicas no campo da vida social.

Com o que vocês aprenderam e praticaram nos graus anteriores já transpostos, as perspectivas do futuro se apresentam alentadoras, mesmo porque, os esforços a desenvolver, serão agora um mero prolongamento daqueles, com a diferença de deverem ser realizados com integral livre-arbítrio e plena liberdade individual, sem as servidões escolares.

Tendo vocês, na primeira etapa do aprendizado, ficado sujeitos aos rigores da preparação compulsória nas adaptações, nos estudos e na luta cerrada contra os vícios e defeitos pessoais e, na segunda, se dedicado aos atendimentos assistenciais, conquanto em limites restritos, estarão agora em condições de enfrentar realidades não limitadas ou programadas, utilizando valores próprios nos deveres da propagação doutrinária, na testemunhação evangélica, na renúncia de tempo e conforto e no desprendimento pessoal em relação aos valores transitórios, mas predominantes, no mando material.

No cumprimento dos novos compromissos espirituais que assumem hoje com a investidura que mereceram, devem meditar sobre o fato de que, desse cumprimento e desses compromissos e deveres vai depender o apressamento ou não de sua evolução, o fracasso ou o êxito das tarefas que lhes serão confiadas, a abertura ou o fechamento de novos e mais amplos caminhos no futuro espiritual de cada um.

É bom também considerar que o Plano Espiritual tem real interesse no êxito dos esforços que devem efetivar porque, após esses quatro anos de aprendizado, certamente que estarão aptos a se tornarem eficientes trabalhadores e também porque, aqueles que hoje se classificam como bons tarefeiros, serão elementos selecionados para a formação da humanidade planetária dos dias futuros.

E não há nada a temer nessas novas atividades, porque a cobertura espiritual que tiveram, desde os primeiros dias de aprendizes irão sendo, pouco a pouco, completadas e ampliadas, à medida que aumentarem as dificuldades e os encargos não havendo, portanto, razão para indecisões ou temores, a não ser provindos de vocês mesmos.

Assim sendo, ao invés de receios, vocês devem agradecer a Deus por estarem preparados para as tarefas de tão alto valor espiritual e de tão ampla projeção no destino espiritual de cada um.

Cada discípulo que daqui parte deve ser um novo combatente a se erguer no campo árduo da luta ingente pela libertação dos semelhantes ajudando, assim, de forma valiosa, a transmissão da palavra do Divino Mestre a todas as partes, como Ele deseja que seja feito.

E, dessa forma, lenta, mas firmemente, o número de lutadores estará crescendo, formando legiões, que se dedicam à redenção da maior quantidade possível de irmãos nossos, necessitados de espiritualização e de fé, número esse que, infelizmente, ainda é muito reduzido, considerada a amplitude da tarefa a realizar e a onda de descrença que infelicita a humanidade, espiritualmente ainda tão imatura.

Mas a propagação das verdades evangélicas se vem sempre fazendo, com perseverança e devotado empenho pelos que vos antecederam e demais companheiros, e um dos mais eficientes recursos, a utilizar nesses dias, pela Doutrina, são as Escolas de

Aprendizes do Evangelho, no padrão e nos moldes estabelecidos desde 1950, pelas profundas transformações morais, que suscitam nas almas dos adeptos e são o fundamento principal da espiritualização. Por isso a multiplicação destas escolas deve ser ampla e livre, sem embargo das dificuldades que se apresentem.

Elas preencheram uma grande lacuna na organização do Movimento Espírita e na difusão do verdadeiro espiritismo evangélico, isto é, no seu entendimento e nas suas realizações *em espírito e verdade*, como recomenda o Divino Mestre; e, de certa forma, impediram a instalação de uma sistemática teórica, que não resolveria o problema da redenção.

Além disso essa Escola abriu novos rumos, ofereceu novos recursos nas experimentações da intimidade psíquica, para as realizações espirituais.

Criou ideais de sustentação de esforços e metas, no trabalho conjugado e conduzido; novas motivações para a compreensão e aceitação dos rigores exigidos para o aperfeiçoamento anímico, necessário à vivência e às exemplificações; distendeu e generalizou a capacidade de amor aos semelhantes e efetivou a fraternidade entre os adeptos, tudo isso sem preterir ou modificar as concepções basilares da tradição doutrinária.

Porque o esforço simplesmente intelectual que não envolver com profundidade a alma do adepto, fixando-a em um ideal de maior significação realizadora, não leva ao êxito do trabalho, nem ampara o lutador, quando tiver de agir, por si mesmo, no campo coletivo, enfrentando dificuldades, imprevistos, cansaços ou desânimos."

43

As Tarefas nos Dias Atuais

Aproximam-se agora celeremente maiores aberturas de hostilidades prenunciadoras que são dos dias mais difíceis previstos por Jesus e reafirmado por seus porta-vozes do Plano Espiritual e, desde já, devem os discípulos se dispor desassombradamente a participar dessas lutas da luz contra as trevas, luz e trevas não hipotéticas ou simplesmente místicas, mas operantes, ativas e evidentes por si mesmas, das quais sentimos diariamente seus efeitos salutares ou não, em nossa vida comum, familiar ou social.

Por outro lado, o aprimoramento, ainda retardado, do conhecimento e das práticas mediúnicas, que asseguram o intercâmbio entre os dois Planos; e a distensão, sempre crescente, das necessidades do povo em geral, aumentam também a urgência e as necessidades do trabalho, para poder-se garantir à Doutrina mais amplas possibilidades de cumprimento de suas transcendentes tarefas do restabelecimento do Cristianismo Primitivo no mundo moderno.

Não é demais repetir que fora dos três setores de atividades doutrinárias, tudo mais é secundário no momento e pouco pesa na balança que o "carma" coletivo da humanidade faz agora mover-se com singular rapidez e precisão.

Jesus em suas pregações advertia dizendo que aquele que quisesse ser seu discípulo tomasse sua cruz e o seguisse, dando assim a entender que ninguém poderia então se eximir de sofrimentos e sacrifícios.

E hoje não é muito diferente a situação: se a vida é mais confortável e há mais segurança pessoal e mais prazeres, entretanto, maiores são as tentações, as facilidades e oportunidades de desvios e transgressões; mais numerosos são os incentivos a desvarios passionais e mais extremados os preconceitos familiares e sociais que dificultam e às vezes, mesmo, impedem o cumprimento das tarefas, naturalmente sem desprezo dos deveres normais.

Pode-se aqui também aplicar as recomendações de Jesus, quando aconselhava o desprendimento, o autodomínio e a fé inabalável, para que se pudesse vencer o mundo. E sabemos que essas são realmente condições sempre importantes para o êxito de quaisquer tarefas, quanto mais as ligadas à vida espiritual dos semelhantes.

O Espiritismo que não é uma seita fechada, ensimesmada no seu canto, na expectativa morna dos acontecimentos exteriores, mas doutrina aberta, dinâmica, que se vincula estreitamente à Lei da Evolução e aos altos objetivos da redenção humana, logicamente que não pode possuir propagadores passivos e acomodados.

Por outro lado os discípulos de Jesus, nascendo neste maravilhoso país, destinado a ser o luzeiro do mundo, hoje o maior centro de atividades espíritas conhecido, ganham com seus trabalhos importância ainda maior e suas tarefas serão desde logo e por si mesmas definidas, como lutas e sacrifícios pela espiritualização do semelhante, por todos os meios a seu alcance mas, principalmente, pela exemplificação, como exemplos vivos que são, de uma doutrina redentora de almas.

Por isso, mais uma vez repetimos, que não se pode conceber um discípulo inativo, que usa o título mas não constrói obra que o emoldure; e aquele que esquece isso e se mantém arredado (salvo em havendo causa justa) é como a árvore estéril que não dá frutos, mesmo no tempo certo e já está por si mesma condenada ao corte.

E mesmo no caso de impossibilidades justas, considere-se ainda que o Plano Espiritual, ante desejo expresso de produzir trabalho, sempre acode, estimulando, suprindo falhas ou inibições.

Não adormeçam pois, os discípulos, sob os louros dos primeiros êxitos e lancem-se ao trabalho, com franca decisão, certos de que jamais lhes faltará ajuda, e seus passos serão sempre iluminados pelo amor de Cristo, que é caminho, verdade e vida; não se esquecendo também de que nunca se está só nas tarefas, mas com multidões de companheiros ao redor, nos dois planos, numa sucessão contínua de estímulos, promessas e esperanças de vida mais feliz e mais perfeita amanhã.

44

Espiritualização

O que acima de tudo deve interessar aos homens encarnados é a progressão espiritual, pois que esta é a única finalidade da vida dos seres em todos os escalões e em todos os mundos. A espiritualização, portanto, representa o próprio motivo da existência; e o melhor meio de consegui-la é enriquecer a mente e dedicar-se ao Evangelho, estudá-lo, compreendê-lo, interpretá-lo com exatidão e, em conseqüência, vivê-lo e testemunhá-lo em todas as circunstâncias e ocasiões.

Isto não é fácil, mas esta é a luta inevitável, que depende em grande parte de decisão, fé, vontade firme e perseverança constante.

Espiritualização é a exteriorização, é o "vir à tona" da centelha, isto é, do Eu interno, no esforço de sintonizar-se à vibração universal divina, que é harmonia, luz e amor; é sobrepor-se o homem ao mundo material purificando-se para conquistar o direito de viver em mundos mais perfeitos.

Permanecendo na vibração baixa, inferior, própria do mundo da matéria densa, o homem viverá como escravo desta, pelo instinto ou pelo intelecto, não importa, mas sempre com o espírito submerso. Entre os dois extremos haverá, naturalmente, uma escala de progressividade, na qual se situarão todos os seres, do inseto ao homem civilizado.

À medida que se espiritualiza o ser humano demonstra mudanças visíveis dentro e fora de si mesmo. O homem atual atingiu um ponto na evolução cósmica do planeta em que qualquer esforço de melhoria que demonstre no campo moral, trará resultados rápidos e positivos, porque o tempo da expectação terminou e agora urge acelerar o esforço de aperfeiçoamento.

É fácil distinguir aquele que se espiritualiza: basta ver para onde vão e como se manifestam na vida comum, seus sentimentos, pensamentos e atos, porque, por mais que o intelecto venha em seu auxílio, com artifícios ou subterfúgios, não poderá esconder o que nele predomina, a saber: a densidade do mundo material no corpo físico e o retardamento, ou a lenta exteriorização da centelha, em forma de luz e de amor, no campo moral.

Diz muito claramente o Evangelho: — onde estiver a carniça aí estarão os corvos; isto é, para onde forem os sentimentos e os pensamentos dos homens, aí estarão seus corações e a sua consciência, amadurecida ou embrionária e carente de espiritualidade; e isto os classificará, automaticamente, por si mesmos, nos paralelos norte-sul do mundo dos espíritos.

Não há alternativas: ou se cevam ainda nas ilusões do mundo material, ao qual se escravizam, ou se desprendem dele e sobem na sintonia dos mundos divinos.

Este é um esforço de milênios, inúmeros dos quais já se passaram sem que o homem atingisse tais alturas; mas o Evangelho sempre oferece ao homem encarnado neste orbe, um poderoso auxílio para a realização imediata da espiritualização, desde que seja compreendido, interpretado e vivido na essência de sua significação e do seu poder redentor.

45

Verdades sobre as Escolas de Aprendizes do Evangelho

Estas escolas não foram criadas para estudos teóricos do Evangelho, ou de Doutrina Espírita em sentido geral.

São uma iniciação doutrinária do setor religioso, com base nos ensinamentos de Jesus, nas quais somente devem se inscrever aqueles que desejem realizar, em si mesmos, as transformações morais que o Evangelho exige nas suas testemunhações.

Jesus, ao falar sobre essas transformações, referiu-se a *um homem novo*, purificado à luz das verdades que ensinava, e cujo substrato se configura no Sermão do Monte.

E, no mesmo estilo figurado, disse que não há proveito em se fazer *remendo em roupa velha*, significando que, para essas transformações, é preciso renovar tudo, desprezando-se preconceitos sociais e religiosos, contemporizações, arranjos, adaptações; é necessário tecer um tecido novo, em trama mais resistente, para que perdure e o trabalho seja aproveitável.

A roupa velha é o *homem velho*, saturado de vícios e defeitos e o *homem novo* é aquele que recebe o remendo (compreensão, preparação, purificação, serviços), tudo resumido na *Reforma Íntima*, que é o principal fundamento e finalidade inarredável destas escolas.

E essas transformações não se realizam com teorias (como temos várias vezes afirmado), com meias medidas; para elas a regra é: o não, não; sim, sim, do Evangelho; o oito ou oitenta, da gíria popular; ação não com palavras mas com fatos concretos e conscientes; com mudanças internas profundas; com sacrifícios e renúncias, e nunca com simples aparências enganadoras.

Por isso a reforma íntima é obrigatória e não aleatória. Depende de decisões pessoais e corajosas, no sentido de efetivá-las rigorosamente e jamais supor que ela se possa realizar por si mesma, ou na força das palavras dos expositores e dirigentes, algumas vezes precisados tanto delas, como os próprios aprendizes.

Não se pode usar o termo **reforma íntima** separado de sua verdadeira e irrecorrível significação: de transformações morais.

Escolas de Aprendizes do Evangelho sem a obrigatoriedade da reforma íntima é um contra-senso, quando não for um subterfúgio usado para fugir a essa verdade; uma adaptação cômoda, porém inútil; ou uma tolerância contraproducente, porque não atinge o alvo essencial do esforço, que é a evangelização.

Conquanto essas medidas satisfaçam porventura a Instituições que mantêm escolas, os benefícios serão inconsistentes e ilusórios, como a experiência tem demonstrado, inclusive esta de ostentar número elevado de alunos; e tudo reverte, por fim, em descrédito da Doutrina e frustração momentânea dos programas do Plano Espiritual Superior para o nosso meio.

A não ser que, em ressalva da responsabilidade espiritual, se declare que a Escola em causa é de ensinamentos teóricos e de simples interpretações do Evangelho.

Assim sendo, a situação se esclarece e ninguém se engana, porque, neste caso, se trataria de escola de um tipo diferente, que assim seria útil, porque no Espiritismo escolas as mais variadas devem surgir amplamente para o esclarecimento do maior número.

46

NOS MESMOS CAMINHOS

Quase todos os que nos dedicamos, aqui na Terra, à difusão das verdades espirituais, somos trabalhadores de classe inferior, Espíritos ainda retardados e devedores em fase de resgates, mas é fora de dúvida que ligados firmemente a Jesus, seremos fortalecidos e poderemos realizar uma cooperação altamente proveitosa aos programas do Plano Espiritual Superior.

Vibrando com os Poderes Espirituais no sentido do Bem, poderemos ajudar a neutralizar as forças deletérias das Trevas e clarear os horizontes do mundo, nos setores ao nosso alcance individual, no mínimo em termos de consolação e de esperança produzindo, assim, uma atividade construtiva e benéfica.

Assim como fez com os Apóstolos e Discípulos, depois de armá-los com esclarecimentos e poderes espirituais mediúnicos, mandando que saíssem pelo mundo a pregar a Boa Nova que lhes trouxera, assim até hoje Jesus está fazendo, através de prepostos e mensageiros, aprendizes e discípulos, espalhados pelo mundo.

Os trabalhadores de hoje, que são milhares, também recebem o mandato e saem em Seu nome e pregam a mesma mensagem redentora de outrora.

E se essa pregação não tem maior brilho ou força realizadora é porque nós, os trabalhadores de hoje, não possuímos as virtudes de espírito que os mensageiros daquele tempo possuíam, sobretudo no terreno da fé, da humildade, do desprendimento e do amor aos semelhantes, virtudes essas que ganhavam alento poderoso e único na esperança do breve regresso do Mestre, conforme promessa ouvida de Sua própria boca e que julgavam dever realizar-se naqueles mesmos dias.

Os tempos agora mudaram, mas as necessidades são as mesmas e devemos agora mostrar também virtudes valiosas e provar que, apesar de tudo, pelo grande amor que devotamos ao Divino Mestre, e com seu poderoso auxílio, seremos dignos das tarefas que nos cabem no campo da propagação.

47

MAL COMPARANDO . . .

Relembrando fatos da história do cristianismo, citamos Paulo de Tarso, na sua luta ingente de propagação dos ensinamentos de Jesus, nos países situados atualmente ao sul da Europa e na Ásia Menor, exigindo dos conversos pagãos, denominados "messianitas", que não atentassem para as exterioridades, os ritos, as formalidades do judaísmo, mas sim para a pureza e verdade dos ensinamentos do Divino Mestre, do qual era apóstolo por indicação direta, cuidando com rigor da purificação de suas almas, para serem dignos do reino prometido.

Ao organizar as congregações cristãs nos caminhos que infatigavelmente percorria, legislava severamente sobre a conduta moral, sem outras quaisquer preocupações, mesmo sabendo que a cúpula dirigente de Jerusalém, ainda achegada à Tora, condenaria suas atitudes.

Desta forma seu trabalho floresceu e grande parte lhe cabe na sobrevivência do cristianismo no mundo.

E, se não tivesse havido tais exigências, que teria acontecido? Esses ensinamentos, de caráter universal, poderiam ter sido preservados e propagados através do judaísmo?

Certamente que não, pois inútil seria estabelecer uma doutrina de acomodações, preconceitos e conveniências próprias de uma religião particular.

E agora surgem perguntas vindas de confrades espíritas, ainda não devidamente penetrados no sentido espiritualizante e redentor do Evangelho, nos seguintes termos:

"Pergunta — Não seria mais natural e conveniente viver como espírita, sem as exigências que redundam sempre em sacrifícios e renúncias, como constam dos programas da Escola de Aprendizes do Evangelho?"

Resposta — Claro que seria; mas neste caso, onde ficaria a evangelização indispensável? E como fazê-la, sem eliminar vícios e defeitos, maus costumes e perversões e outras imperfeições que caracterizam os habitantes deste nosso atormentado planeta de provas e expiações?

Se se prefere a vida despreocupada, livre das contenções do auto-aperfeiçoamento, porque filiar-se ao Espiritismo? Ou ignoram que ele veio para orientar e auxiliar os homens nas expiações e nas provas, e que, justamente por isso, representa o Paracleto e o Consolador?

Poderíamos remeter os consulentes às páginas do livro *O Guia do Aprendiz* onde este assunto está detalhado, mas aproveitamos esta coluna, aberta e livre, deste jornal novo — *O Semeador* — e mais devotado especialmente à evangelização.

Assim como sucedeu no início histórico do Cristianismo, sucede agora com o Espiritismo: lá, efetivou-se a propagação, desprezando-se limitações ortodoxas estreitas e violentas; aqui, desprezando-se preconceitos e conveniências pessoais, estabelecem-se sistemas mais objetivos e adequados de efetivar-se a evangelização dos seguidores do Divino Mestre.

Naquela época as exigências eram necessárias para fixar a respeitabilidade do novo ensinamento e implantá-lo no mundo, enquanto que hoje as mesmas exigências são necessárias para sua consolidação pela exemplificação, nos termos, aliás, do próprio Evangelho.

As exigências de Paulo asseguraram, em grande parte, a expansão do Cristianismo nascente, desconhecido e combatido, enquanto as de hoje, com base nessa exemplificação, visam a preservação do próprio Espiritismo, face ao materialismo, à corrupção e os negativismos generalizados e, mais diretamente, à redenção humana pela reforma íntima dos adeptos.

48

NOVAS FORMAS DE ATENDIMENTO

Este capítulo sobre curas espirituais já está em vias de modificações e maiores desenvolvimentos, como conseqüência da mais rápida sucessão dos acontecimentos e das conquistas do campo científico. São estas as advertências que estão sendo feitas pelo Plano Espiritual Superior.

Se, em nosso plano material de vida, trabalhadores de todos os setores se devotam a aperfeiçoar métodos em busca de progressos mais amplos e perfeitos, uma de cujas modalidades é o conhecimento e a aplicação das energias cósmicas, do Plano Maior, os Benfeitores espirituais promovem recursos de iluminação e de socorro à humanidade sofredora e desorientada, com as vantagens, entre outras, de serem eles Espíritos mais adiantados, melhor capacitados a penetrar em problemas desta espécie como, também, por disporem de maiores facilidades na manipulação das energias naturais, sem os entraves da matéria densa, na ideoplastização construtiva dos engenhos a utilizar e, ainda, por conhecerem as implicações cármicas, individuais e coletivas, que são tantas vezes para nós barreiras intransponíveis.

Assim como no setor dos conhecimentos filosóficos, já estão surgindo revelações novas sobre criação divina, constituição material, formação psíquica e outras que tendem a se amiudarem e a se multiplicarem, assim também surgirão em breve novas modalidades de atendimentos de doenças materiais e espirituais, revogando conhecimentos e práticas anteriores, utilizadas para as condições próprias de nosso tempo, substituindo processos velhos por outros mais perfeitos e adequados ao momento de transição espiritual que vivemos.

E o mediunismo também evoluirá visando a conquista de mais sistemática e perfeita autenticidade de manifestações e interferências dos Espíritos em nosso intercâmbio recíproco.

Raios e ondas cósmicas, alguns já recentemente conhecidos como, por exemplo, o laser, terão neste período aplicação desdobrada e simplificada, e aparelhos de grande precisão no campo da eletrônica, serão em breve conhecidos e utilizados, sobretudo na medicina, para alívio nas multiformes doenças que torturam a humanidade, e em cujas atividades o cérebro humano terá considerável participação.

Em breves dias deste período evolutivo presenciaremos o cumprimento das profecias antigas, inclusive as feitas pelo próprio Divino Mestre, anunciando acontecimentos transcendentes na Terra, que afetarão a vida de todos os seres vivos, para o selecionamento espiritual da humanidade.

Na perspectiva destas coisas novas é bom que despertemos seriamente para as necessidades de uma preparação espiritual adequada, cuidadosa, promovendo em nós, pela reforma íntima, as transformações morais indispensáveis procurando, sobretudo os jovens, as Escolas de Aprendizes do Evangelho, criadas justamente para oferecer auxílio e orientação nesse sentido.

Essas transformações morais não dependem somente de esforços intelectuais mas, essencialmente da reforma íntima e do desprendimento em relação à vida frenética, torturante, corrupta e desordenada dos dias que vivemos.

Essas Escolas, além da orientação, encaminham os aprendizes para novas rotas de vivência, suaves, sensatas e produtivas, que levam as seguranças da paz e do amor entre os seres humanos, tornando a vida mais nobre, mais produtiva e mais digna de ser vivida.

49

ENQUANTO É TEMPO – II

Segundo ensinam os Instrutores Espirituais, os Espíritos que o Evangelho aponta como situados *à esquerda* do Cristo, no *Dia do Juízo*, são, em sua maioria, os que amaram a vida material até o fim dos seus dias. Mas, como somos todos irmãos, bons e maus, filhos do mesmo Deus de infinito amor e reta justiça, terão eles, ainda antes disso, uma última oportunidade para se redimirem, desde que se filiem às hostes do Cordeiro, abandonem as fileiras do mal e se declarem prontos aos resgates devidos, em mundos adequados.

Grande parte da humanidade atual pode ser dada como esquerdista do Cristo, por amar assim, dessa forma, a vida material, menosprezar a Deus, desprezar ao próximo, ignorar a universalidade da origem e dos destinos humanos, dar livre curso às sensações grosseiras da animalidade ancestral.

Aqueles que já abraçaram as hostes do Cordeiro devem preocupar-se muito mais com a conduta crística, que lhes é imperativa, que com os fenômenos astronômicos, telúricos e sociais que vão convulsionar o planeta em breve tempo — e já o estão fazendo — porque não são estes os elementos decisivos da redenção humana, mas, sim, a vivência evangélica que, para este feito, sobrepaira a quaisquer outros recursos ou conhecimentos; não o que se passa fora do homem mas dentro dele, no âmago das almas, isso é o que importa considerar.

Aproveitar, pois, o mais possível, o tempo que resta e as oportunidades que nos são dadas para a evangelização salvadora, eis o que se torna mais urgente e indispensável para a conquista de uma vida melhor e mais feliz nos dias futuros.

E aos que pregam a supremacia da inteligência, mesmo quando filiados a correntes de pensamento filosófico ou científico, de qualquer rótulo, só resta esperar para ver, pois que todos estamos nas rotas da mesma evolução espiritual rigorosa e justa.

Doutra parte os acontecimentos punitivos, profetizados para esse *final de tempos*, serão também estímulos fortes às manifestações da animalidade inferior.

50

DIRIGENTES DE TURMAS

No funcionamento da Escola de Aprendizes do Evangelho o dirigente de turmas é o pivô em torno do qual giram a assiduidade, o interesse pelo ensino, o esforço da reforma, a perseverança nesse esforço, e o aproveitamento geral do trabalho.

O dirigente faz a turma: bom dirigente significa bons resultados finais e vice-versa.

Para um bom dirigente não basta a vontade de sê-lo, nem somente a boa vontade dos aprendizes; são necessários outros requisitos:

1) capacidade de comunicação com os aprendizes;
2) boa integração nos conhecimentos doutrinários e, sobretudo, das finalidades essenciais da Escola;
3) vida limpa, inatacável, doméstica e social, para poder exemplificar a autoridade moral;
4) ser objetivo, ter facilidade de expressão verbal e capacitação pessoal no campo da reforma íntima;
5) respeitar e fazer respeitar a conceituação doutrinária dos problemas da Escola e sua finalidade evangélica;
6) sensibilidade didática, para manter o interesse e a progressão do esforço de reforma íntima da turma que dirige, fugindo à mecanização e à simples intelectualização do ensino.

Essas condições caracterizam um dirigente ideal e, quando ele preenche a todas estas exigências, na ausência do expositor da matéria a aula prossegue e atinge sua finalidade. A falta de um expositor é prontamente preenchida pelo dirigente, mas a falta do dirigente dificilmente será preenchida, devido aos laços de afetividade recíproca e de confiança, que se estabelecem, normalmente, entre ele e a turma que dirige.

51

PRIMEIRO ANIVERSÁRIO DA ALIANÇA

Este 1º aniversário significou que os primeiros passos — geralmente os mais difíceis em quaisquer empreendimentos — foram vencidos, com o concurso valioso dos Grupos afins e, já agora, olhando para trás, pode-se avaliar o quanto se deu e o quanto se deixou de dar para esse primeiro êxito.

O Espiritismo — doutrina de religiosidade imperativa — é a vivência ativa e constante no sentido do Bem ao semelhante, isto é, exemplificação pessoal com elevado padrão de conduta moral e realizações espirituais no seio da comunidade em que se vive.

Isto é o que deve ser demonstrado por todos nós dia por dia, hora por hora, numa testemunhação evangélica de tempo integral.

E é preciso lutar para que essas verdades, no campo individual, sejam transformadas em fatos, pelos dirigentes, para que o conjunto, como expressão e soma das unidades integrantes, atinja também seus elevados fins.

Nestes dias em que, em largas áreas do campo espírita, predominam as tendências de doutrina-teoria, doutrina-filosofia e doutrina-literatura e conquanto sejam amplamente necessárias à cultura geral e dos conhecimentos doutrinários, isso não quer dizer que se lhes dê a primazia dos "primeiros lugares" em relação ao mais fundamental que, no momento, são as atividades do campo religioso, com auto-preparação, adestramento nos trabalhos, realizações concretas no campo do Bem aos semelhantes.

A Aliança foi criada para essas realizações, que devem se caracterizar pela coragem moral e os sacrifícios que se fizerem necessários, devendo todos lutar para efetivar esses esforços probatórios de realizações íntimas, visando a libertação espiritual, a ascensão a degraus mais altos na escada evolutiva, e vida mais feliz e mais ampla em mundos mais adiantados.

Mas, para isso, é também necessário que o tempo precioso desta encarnação não seja malbaratado em desviamentos fantasiosos e ambições materiais vazias de sentido espiritual e de capacidade redentora.

Caminhemos, pois, nesses rumos, indiferentes às dificuldades e tropeços, para que todos, dirigentes e cooperadores, realizem seus ideais, edifiquem suas obras e dignifiquem suas vidas, projetando-as desde já para os campos da eternidade.

52

Novas Perspectivas - I

Basta que se observe o que se passa no mundo ao nosso redor e além de nós, para se poder medir a rapidez e a profundidade das mudanças que se operam em todos os setores das atividades humanas, nessa observação podendo-se incluir, sem nenhum desdouro, o campo dos conhecimentos, do entendimento e das práticas doutrinário-religiosas.

Relembrando as profecias anteriores e as predições atuais, os avisos e advertências diariamente feitas por Espíritos instrutores que operam nas casas, agrupamentos e reuniões particulares espíritas, facilmente se percebe que a razão dessa precipitação de acontecimentos é o seu próprio e natural desenvolvimento no tempo predito sob o efeito das forças espirituais que os impulsionam, em cumprimento das leis divinas, milenárias e irreversíveis, que visam o selecionamento cíclico da humanidade, com todo o cortejo de conseqüências materiais e espirituais que ele comporta e cujo clímax, como se sabe, ocorrerá na última década deste século.

E pode-se também compreender que o Espiritismo, como doutrina cósmica que é, não se alheia mas ao contrário, fundamentalmente se entrosa na situação geral, por ser aquela à qual mais séria e especificamente, se pode falar assim — cabe agir no sentido de esclarecer melhor e orientar melhor os homens de nosso tempo.

Por que teria Ele então vindo se não fosse para isso?

Da mesma forma fácil será também concluir que deverá acompanhar atentamente essas mudanças ocorrentes, adequando-se a elas, visto que ocorrem por força de leis cósmicas — com base no carma e no tempo — atribuídos ao planeta e de programas sabiamente executados pelo Plano Espiritual Superior: como também, ainda, concluir que nenhuma opinião particular ou sectária poderá impedir que se modifiquem, salvo o próprio Plano Maior, que é aquele que formula juízo sobre o que é mais conveniente ou mais acertado, neste estágio evolutivo da humanidade.

Neste artigo, queremos apenas e mais uma vez fixar este ponto importante de entendimento segundo o qual, não sendo o Espiritismo doutrina imobilista, mas universal e evolutiva, está também sujeita às conseqüências dessas mudanças inevitáveis e de progressiva intensidade que ocorrem no mundo e que vão influir e já estão influindo poderosamente na compreensão das coisas, nas correntes de pensamento religioso e na mentalidade do homem encarnado nestes nossos dias; e que a relutância na aceitação dos fatos ocorrentes somente trará prejuízos, desprestígio, ostracismo e retardamento evolutivo.

Todo o trabalho anterior que resultou em benefício aos nossos semelhantes, é nobre e será honrado no tempo, devendo ser conservado e aperfeiçoado, ao mesmo tempo em que novas aberturas, prudentes e meditadas, sejam dadas.

53

NOVAS PERSPECTIVAS - II

Vamos agora nos referir unicamente ao estudo dos meios, mediante os quais essa adequação se pode dar de forma prudente e sensata.

Desde muitos anos, na antevisão desses acontecimentos pelos mentores espirituais, nos firmamos na decisão de lutar pela prevalência do setor religioso da Doutrina, entre outras razões por ser este o setor moral e o único que possui possibilidades de preparação dos trabalhadores para enfrentarem os dias difíceis do selecionamento cíclico que se aproxima e, portanto, o único que possui em si mesmo força de redenção.

Estas, aliás, foram as razões que nortearam a organização da FEESP, em 1940, em consonância com as diretrizes emanadas do Plano Espiritual Superior, entre outras medidas, popularizando amplamente os trabalhos de curas espirituais e criando cursos e escolas especializadas, como, por exemplo, a Escola de Aprendizes do Evangelho e a Fraternidade dos Discípulos de Jesus, que tão altos benefícios vêm prestando nesse campo, transformando uma mentalidade anterior semipassiva e mística em outra, ativa, combativa e auto-realizadora.

As mesmas razões que levaram, em fins de 1973, à criação da Aliança Espírita Evangélica, de franca integração no setor religioso e devotada inteiramente à preparação, pela reforma íntima, de trabalhadores do Bem, e às exemplificações da vivência evangélica em nosso meio social.

E agora, com os progressos surpreendentes da ciência materialista e das mudanças que afetam fundamentalmente todos os setores da vida humana, que exigem, do cérebro e do coração, soluções difíceis até mesmo de serem imaginadas, reconhecemos todos a necessidade de enfrentar os problemas que nos afetam mais diretamente como adeptos da Doutrina, colaborando para sua preservação.

Para as áreas que seguem a orientação fixada em 1940, isto é, a da prevalência do setor religioso, propomos:

1) Multiplicar a criação das Escolas de Aprendizes do Evangelho, incrementando a formação específica de trabalhadores espiritualizados.
2) Aperfeiçoar as escolas de formação de médiuns para melhorar as condições precaríssimas do intercâmbio com os Planos Maiores. Até aqui o problema tem sido submeter os médiuns às servidões do desenvolvimento e lançá-los às atividades conhecidas, de ligações sempre precárias, canalizando para a Terra conhecimentos relativos, adequados ao nível dos beneficiários encarnados, ou então dedicando-se aos atendimentos de necessitados, que cada dia crescem de vulto.

   Mas hoje, às vésperas do selecionamento previsto da humanidade, o que se exige é a formação de equipes de servidores e médiuns possuidores de mais alta capacidade de sintonia vibratória com o Alto, permitindo a atuação mais direta e decisiva dos benfeitores espirituais em nosso meio, seja no campo do esclarecimento, seja no dos atendimentos em geral.
3) Organizar na Fraternidade dos Discípulos de Jesus ou fora dela cursos especiais destinados à formação dessas equipes, moral e tecnicamente capacitados à melhoria do intercâmbio e à manipulação de recursos novos eletromagnéticos, destinados às curas espirituais diretas, que o Plano Espiritual propiciará para o melhor e mais

rápido atendimento de doentes e de perturbados em geral desde que, bem entendido, se estabeleça, de forma satisfatória, sintonia mais perfeita entre os dois planos.

E enquanto não seja possível a posse concreta desses recursos, os trabalhadores colaborarão na sua utilização pelos próprios benfeitores espirituais desde que satisfeitas, repetimos, as condições de sintonia psíquico-vibratória.

Tudo isso exige esforços concentrados de dirigentes e alunos, mas a *condição essencial do êxito é sempre a espiritualização efetiva dos participantes*, o que vale dizer sua evangelização individual pela reforma íntima.

Este é um grande campo de trabalho que se abre agora à frente dos novos discípulos e médiuns, das atuais e das novas gerações.

54

Compreendendo Melhor

No Espiritismo praticante é muito comum dizerem, sobretudo os médiuns, que, depois que começaram a trabalhar e a servir ao próximo, como determina o Evangelho, a vida lhes desandou e não tiveram mais sossego; nada mais deu certo e passaram a ser vítimas dos mais aborrecidos acontecimentos...

E muitos, por isso, arrefecem no ardor inicial e afastam-se, voltando à vida anterior, do homem comum, esquecendo-se ou ignorando que o ingresso no Espiritismo é o início de uma luta difícil, ininterrupta, contra si mesmos, contra as ilusões do mundo material, contra as forças negativas das sombras.

Enquanto mergulhados nas ilusões e atrativos da vida material, eram inofensivos aos agentes do Mal; não representavam ameaça alguma aos seus propósitos e programas de ação, que são sempre os mesmos em todas as épocas e em toda parte, a saber: combater o Bem e sua expansão no mundo; destruir suas obras; desviar seus trabalhadores; opor-lhes seus dispositivos de violência, maldade, confusão, para que, por fim possam, como ignoradamente supõem, envolver o mundo nas sombras terríveis da sua dominação maléfica e retardadora.

Que atenção pode despertar aquele que nada produz, que não luta, se acomoda e somente se move empurrado pelas circunstâncias?

É eterna a luta entre a luz e as trevas dos mundos baixos dentre os quais a Terra ainda se classifica; entre a matéria e o espírito; entre a animalidade inferior e o impulso ascensional, inevitável e irresistível, para os mundos superiores.

Aquele que reencarna por idealismo, por amor espontâneo, ou por simples dever, para cumprimento de compromissos assumidos, e dispõe-se a servir a humanidade, testemunhando o Evangelho cristão, desce à Terra como ovelha em meio de lobos; será assediado de todos os lados e de todas as maneiras enquanto viver aqui; sofrerá hostilidades incessantes e os agentes do Mal somente se apaziguarão, deixarão de atacar, se o lutador depuser as armas, desistir das tarefas por temor, cansaço, desânimo ou respeito a injunções supervenientes, sociais ou domésticas.

O problema é, pois, em todos os casos e para todos os servidores devotados, suportar tudo sem abandonar seu posto, sem negligenciar seus deveres; prosseguir até o fim seja como for, haja o que houver, sem atenção a pessoas ou circunstâncias, cansando e descansado; caindo e levantando, mas sempre prosseguindo, com paciência e perseverança, sem tirar os olhos do alvo a atingir, sem tirar a mão do arado, no arroteio da seara divina.

As encarnações não visam outra coisa que o progresso espiritual de todos e de cada um. Por isso nada de desânimos ou temores nas dificuldades de todos os instantes, mesmo porque as forças do Bem são invencíveis e estão constantemente presentes no amparo aos que delas precisam; e considere-se também que, lutando, é que se pode alcançar vitória e não no esmorecimento ou na abstenção, que representam uma derrota prévia e consentida.

O acúmulo de dificuldades sobre um trabalhador significa que ele foi julgado capaz de suportá-las: e, muitas vezes, isso representa também uma benevolência do Plano Espiritual, aguardando que o transgressor se esclareça sobre as verdades eternas, fortifique-se nas convicções próprias para que depois, e então com mais facilidade, possa suportar as agruras benéficas dos resgates inevitáveis.

55

Cuidemos da Boa Planta

A iniciativa da fundação da Escola de Aprendizes do Evangelho, em 1950, tinha em vista criar um organismo de iniciação espírita de elevadas condições, não-secreto (pois que nada há de secreto no Espiritismo), mas de portas abertas, de caráter popular, livre de restrições, que oferecesse ao povo oportunidades e meios de integrar-se na Doutrina, entendê-la e praticá-la na sua justa e verdadeira significação de cultura espiritualizante e de realização evangélica.

Na organização do seu programa consideraram-se circunstâncias principais:

a) O baixo nível cultural dos adeptos pertencentes, em grande maioria, às classes menos favorecidas da sociedade e, por isso mesmo, ainda mais merecedoras de atendimento.

b) A urgência da evangelização para todos nós, neste fim de ciclo evolutivo, considerando também o precário nível de espiritualização da humanidade em geral.

c) A preparação do maior número para a vivência na Terra renovada do futuro, onde o evangelho cristão será regra e lei.

Da forma pela qual a Escola foi organizada e programada era de se esperar pleno êxito porque também vinham preencher uma lacuna muito ampla no campo das realizações espíritas, satisfazendo necessidades evidentes e anseios individuais de todos quantos, já sensíveis ao chamamento espiritual, encontravam-se entretanto carentes de orientação adequada no terreno prático, do modo como realizar a evangelização.

Este período de 18 anos, da fundação até esta data, foi um labor constante de muitos e prova que a iniciativa, em si mesma, na maneira pela qual foi levada a efeito e nos resultados apresentados, ultrapassou até mesmo as mais otimistas expectativas.

Mas já agora pode-se perguntar: quais os fatores mais determinantes desse êxito?

E a resposta pode ser esta:

1) O próprio caráter da iniciação, eminentemente realizadora.
2) Sua base essencialmente evangélica, respeitada com rigor e polarizada na reforma íntima individual e obrigatória.
3) A necessidade, sentida por milhares, de ingressar numa iniciação que lhes desse orientação segura, verdadeira e definitiva.
4) O aconchego espiritual pelo qual ansiavam muitos que viviam desorientados, desalentados, em penumbra de crença e solidão espiritual.
5) O ideal nascente que empolgou a todos, dirigentes e aprendizes, desde os primeiros dias do lançamento da Escola, de evoluir mais depressa, espiritualizar-se, engrandecer-se, sobrepondo-se às misérias do mundo e à própria inferioridade.
6) Porque foi a *tábua da salvação* para milhares de náufragos.
7) Todos estes fatores, fundidos num só impulso ou sentimento; uma mística, um ideal pronto a ser realizado e impossível de obter-se, tão amplamente, fora de uma religião racional e popular como o Espiritismo.

Este é pois o fundamento da iniciativa e a natureza essencial da Escola; e tirando-se a ela esta feição mística de autotransformação íntima e auto-redenção, sobrará somente um organismo mecanizado, frio, pobre de expressão, mas, contrariamente, velando-se pela sua permanência, a coberto de modificações aventurosas, por melhor intencionados que sejam;

assim se fará o trabalhador digno do seu salário, cabendo-lhe ainda a esperança de novas e gloriosas tarefas, segundo a promessa de Jesus quando disse que *aquele que é fiel no pouco sê-lo-á no muito*.

56

Passo a Passo

O dinamismo natural do ser humano é sustentado pelas energias provenientes da alimentação, da respiração e da absorção direta de raios e ondas cósmicas, que se acumulam em órgãos próprios e tendem a expandir-se no meio ambiente, para as manifestações da vida física.

Quando o espírito já possui certo grau de evolução, a aplicação dessas energias integradas é feita espontaneamente, no sentido do Bem e quando, por maiores méritos, recebe tarefas no campo coletivo, as energias são impulsionadas numa direção determinada, com a intensidade que for julgada necessária.

E, muitas vezes, ante o vulto das necessidades, as solicitações são tamanhas, que o organismo físico não lhes corresponde; e por mais puro e forte que seja o ideal de agir e de fazer, o corpo desfalece.

Isto é o que comumente sucede no labor espírita, sobretudo no setor mediúnico evangélico, onde impera um alto sentido sacrificial.

À medida que o médium se dedica ao trabalho, dilata-se, cada vez mais, o seu campo de ação, porque multiplicam-se as solicitações, muitas vezes a ponto do servidor enfrentar a alternativa angustiosa de reduzir o esforço do atendimento ou cair exausto, incapacitado, por tempo imprevisível.

Considerando as pequenas possibilidades do servidor encarnado, na sua maioria carente, sempre, de méritos espirituais superiores, pela sua própria situação de viver em um mundo inferior como o nosso, é fácil compreender que o trabalho mediúnico tem limites que não devem ser transpostos, em circunstâncias normais, por melhores que sejam a disposição íntima, a vontade de servir, e o impulso de sacrificar-se.

E tudo isso é normal, porque a evolução, tanto do indivíduo como da coletividade, é lenta e progressiva: uma geração realizando uma etapa até determinado ponto e a geração seguinte apanhando a tarefa neste sentido e levando-a até outro ponto mais adiante.

Perfeitas e justas são as leis de Deus; e a progressão dos acontecimentos, cósmicos ou sociais, está estabelecida previamente, com enorme antecipação, nos registros siderais, não sofrendo alterações nem dependendo, essencialmente, dos atos humanos.

Observemos como tem sido a evolução espiritual do nosso mundo: os missionários divinos descendo ao planeta, orientando e encaminhando a humanidade até onde sua própria condição global o permitia; dos bárbaros primitivos, até os nossos dias tumultuosos, os missionários desceram sempre, dando os impulsos necessários, numa mesma linha fundamental de entendimento.

Na pré-história, os que desceram na Lemúria e na Atlântida; nas eras antigas, os que operaram na Índia, na Grécia, no Egito e nos desertos arábicos de Madian e do Negeb, com o legendário Moisés, cuja tarefa era preparar um povo para a crença em um deus único; todos iniciaram a tarefa em dado ponto e a levaram a outro mais adiante, segundo as possibilidades das diferentes épocas e condições.

E Jesus, cuja missão entre todas, foi a mais transcendente, em tempo relativamente próximo, não fez também o mesmo? Não afirmou que não podia ir além do que revelara e que outros viriam depois, para estender até novo limite, o conhecimento da Verdade espiritual?

Assim, pois, com tarefas maiores ou menores, o problema é que todos os servidores se preparem bem, devotando-se a elas com maior firmeza evangélica, avançando até o ponto que puderem atingir; e não se torturem das próprias limitações, porque a cada um é pedido de acordo com as forças que tem e a capacidade de devotar-se; e se forem fiéis nas tarefas de hoje, novas e maiores lhes serão concedidas amanhã.

Considerem que o mundo espiritual eternamente resplende nas suas luzes e provê, com sabedoria e justiça, as necessidades de todos os seres, por mais insignificantes que sejam; porque são atributos inerentes a Deus, à universalidade da presença e à perfeição da justiça.

57

Procedimento como Discípulo

O que o Plano Espiritual espera de todos nós, discípulos, trabalhadores e dirigentes, no que respeita à difusão dos ensinamentos de Jesus?

Em termos de compreensão e de unidade de execução, o que espera de nós, para se manter inalterável a estrutura e os planos do esforço visando atingir as finalidades básicas, com perfeição, segurança e em tempo breve?

As finalidades e os programas que devemos cumprir não comportam dúvidas interpretativas ou executivas, porque são simples, claros e justos e se baseiam no Evangelho, que todos nós respeitamos e nos esforçamos por efetivar em nossa vida íntima e social, restando unicamente que os executores se integrem nele, devotem-se aos testemunhos com coragem, de coração aberto e disposição firme de vencer a sagrada tarefa.

Na atual desorientação do mundo, os valores maiores estão com aqueles que, sem alarde e humildemente, seguem seus rumos, sem temores, porque sabem que seus passos são acompanhados de perto pelo amor do Divino Mestre contando, além disso, com o apoio paciente, valioso e incondicional dos companheiros do Plano Maior integrados na mesma causa.

Aqueles que se dispõem a esse esforço, acima dos interesses pessoais, por serem mais amadurecidos e idealistas e também porque desejam realmente sua espiritualização, para esses a vitória nessa luta pode ser desde logo assegurada, porque o principal para isso já possuem, que é a decisão firme, irrevogável de realizá-la e a perseverança inabalável de vencer, vencendo-se a si mesmos, dure o tempo que durar, custe o que custar.

E para isso não é necessário estar o executor atormentando-se e realimentando-se com sugestões de força e de coragem, porque esses valores fluem espontânea e normalmente da alma valorosa, como força que emana do próprio Espírito esclarecido e esperançoso de mais ampla evolução espiritual.

58

FRATERNIDADE DOS DISCÍPULOS DE JESUS

Esta Fraternidade — não é uma instituição particular, mas um organismo integrado nos programas de evangelização do Plano Maior — um complemento da Escola de Aprendizes do Evangelho, que participa da mesma ressalva.

Foi inaugurada na Federação Espírita do Estado de São Paulo no dia 4 de março de 1954, ao receber em seus quadros os servidores que terminaram o período preparatório da 1ª Turma, a de 1950.

Dada a importância do fato, foi organizado um programa mais solene, promovendo-se um verdadeiro congraçamento entre aprendizes, servidores, discípulos e familiares, marcando-se a data espiritual com uma pedra branca nos dois planos.

59

Jornada de 75

O Cristo cósmico é o Senhor e condutor da humanidade terrena. Jesus de Nazaré é a encarnação do Cristo.

O Evangelho cristão contém o substrato de Seus ensinamentos; tem sentido universal; é norma de vida espiritual acima de crenças humanas.

Estes pensamentos vieram-nos neste Natal, quando a Aliança Espírita Evangélica, após dois anos de lutas e limitações, foi testada pelo Alto e não desmereceu; foi afrontada pelas dificuldades materiais e permaneceu progredindo; porque foi amada por seus trabalhadores. Triunfou como movimento justo e nobre, que nasceu para fixar um padrão de vivência evangélica dinâmica, que, em si mesma, tem a força da sobrevivência pelo amor do Cristo; movimento espontâneo e vivo, que luta pela universalização do Evangelho, pela conquista de mentes abertas e corações sensíveis.

Essa vivência, que é positiva, requer dos aprendizes que se fazem Discípulos de Jesus, desprendimento das ilusões e das inferioridades do mundo material e aberturas amplas, com entrega espontânea, às exigências diárias da vida espiritual.

E todos se alegrarão e se julgarão felizes com a libertação que lhes vem do desprendimento; com as alegrias do amor espiritual desinteressado e generoso; com o conhecimento, mais objetivo e prático, das leis divinas. Todos se julgarão recompensados com o calor dos corações que batem no ritmo de sentimentos santificados, libertados dos impulsos e das paixões da vida animal inferior; com a emoção de saber que dia por dia, hora por hora, o labor honesto e fecundo os aproxima cada vez mais do Divino Mestre.

Isto é o que se passa na alma do discípulo, na sua luta pela evangelização, sem misticismo doentio, mas por atos refletidos, persistentes, derrotas e vitórias íntimas.

O Evangelho foi doado ao mundo para servir-lhe de norma de conduta. Se houvesse sido cultuado, vivido e exemplificado, sem misturas de intelectualismo e interesses de dominação religiosa, teria revolucionado o mundo e serviria agora de passaporte para a humanidade apresentar-se, destemerosa e confiante, no selecionamento cíclico previsto para os próximos dias.

Mas, pergunta-se a Aliança Espírita Evangélica, que se dedica preferentemente ao setor religioso da Doutrina, se ela oferece alguma modalidade nova, do esforço na reforma íntima, como foi estabelecido em sua criação em 1950? Possui algum processo diferente e aperfeiçoado dessa reforma?

Claro que não tem, nem tal seria preciso. O que ela faz é esforçar-se por obter o máximo de sinceridade e devotamento no esforço, por parte do aprendiz, para que possa atingir o mais alto grau de aproveitamento na preparação de Discípulos, tendo-se em conta unicamente valores individuais qualitativos, com nenhuma outra influência além do mérito próprio, para que assim, o futuro discípulo possa enfileirar-se desde logo nas legiões espirituais que combatem o Mal, que se estende pelo mundo como uma epidemia mortífera.

Com estes pensamentos muito pode-se esperar do ano seguinte.

60

O VALOR DA INICIAÇÃO ESPÍRITA

O Espiritismo é doutrina que alterou o conhecimento religioso no ocidente porque, efetivamente, esclarece as almas, abre caminhos novos, limpos e claros, na desordem e na desorientação; cuida da evolução dos adeptos sem ritos e exterioridades inúteis.

Alterou a cultura religiosa, influindo, assim, na formação social. Influiu até mesmo na existência das seitas paralelas e de inferior significação, algumas de cujas alas já se vão desviando para práticas mais perfeitas, compreendendo melhor o mediunismo, criando cursos de desenvolvimento, adotando conceitos mais verdadeiros como, por exemplo, o do carma, que grandemente influi no comportamento individual.

E essa movimentação esclarecedora do povo em geral se deve em grande parte à criação de cursos de desenvolvimento mediúnico e de escolas de evangelização.

Olhando a sociedade humana como se apresenta hoje, podemos ver, de um lado, o materialismo frio e incrédulo, que nega a existência do próprio Criador, atribuindo à vida e tudo o que lhe concerne, a meras circunstâncias ocasionais, ou à mágica evolução da própria matéria; de outro lado, religiões dogmáticas superadas e decadentes, e seitas e cultos primitivos sem finalidades e conseqüências construtivas em esferas mais elevadas.

Por todos os lados, aridez, prevalência de individualismo egoísta e desdobramento de paixões e de impulsos humanos menos dignos.

O Espiritismo veio como doutrina libertadora do pensamento até determinado ponto, mas com a finalidade altíssima de reavivar nas almas os princípios morais que dignificaram o Cristianismo Primitivo; seus adeptos, por conseguinte, devem ser mais amadurecidos nos conhecimentos, nos sentimentos e possuidores de um ideal mais puro e elevado na vivência entre seus semelhantes.

Estas são as qualidades que distinguem os adeptos verdadeiros dos curiosos e comodistas que somente se aprazem com ritos e superficialidades e que fogem ante responsabilidades e esforços de melhoria interior, que esses conhecimentos exigem dos adeptos.

Entre esses conhecimentos e realizações as mais altas expressões são as do campo da evangelização pela reforma íntima, na forma estabelecida pela Escola de Aprendizes do Evangelho que opera nas almas as transformações morais indispensáveis à vivência e à exemplificação cristãs, os aprendizes sendo mais que simples adeptos, mas verdadeiros discípulos e porta-vozes do Divino Mestre na Terra.

Mas essa grandeza não lhe é dada de graça, pois que exige luta árdua e demorada de auto-aperfeiçoamento e purificação, luta constante dia por dia, hora por hora, eliminando defeitos, destruindo vícios, certos de que não há, realmente, outro caminho mais curto que leve ao Reino de Deus, senão este.

Os que seguem e perseveram até o fim, submetendo-se às servidões que a Escola de Aprendizes do Evangelho estabelece, serão vencedores de si mesmos como milhares de outros que já o fizeram antes e que se devotam, como discípulos na vida comum, às atividades construtivas e beneméritas de ajuda aos semelhantes na imensa seara de Jesus.

Estes constroem para si mesmos, desde já, o Reino de Deus na Terra.

61

25º ANIVERSÁRIO DA ESCOLA DE APRENDIZES DO EVANGELHO

No ano de 1975, quando a Escola de Aprendizes do Evangelho alcançava um quarto de século de atividades doutrinárias construtivas e benéficas, convém tecer alguns comentários, em complementação a inúmeros outros anteriormente publicados.

A Escola foi criada em 6 de maio de 1950 e, desde então, passaram por ela milhares de alunos — e continuam a passar — e somente louvores se ouvem sobre sua existência e benefícios que espalha no setor evolutivo, promovendo atividades indiscutivelmente justas e proveitosas que amplamente justificam sua criação.

Na sua organização cultural-religiosa, o processo adotado para a evangelização foi o da reforma íntima compulsória que, naquela época, como ainda hoje, foi julgada a mais indicada e conveniente.

Esse processo, no lançamento da Escola, *mereceu* críticas de confrades que não concordavam com ele, alegando que atentava contra o livre-arbítrio individual, porque a evangelização, diziam, é de alçada particular de cada um, não sendo preciso criar escolas para isso.

Mas com o passar do tempo, e examinando melhor as coisas, essas opiniões foram se modificando ao verem todos que no processo não havia forçamento algum de consciência como supunham mas, bem ao contrário, plena liberdade de decisão e de escolha, visto que nela somente se inscreviam pessoas idealistas e interessadas em conduzir sua evolução por si mesmas e conscientemente; que conheciam e concordavam com seu programa e finalidades claramente expostos, aliás, no 1º tomo da "Série Iniciação Espírita", que saiu naqueles dias.

Surgiram também críticas isoladas de refratários a esse processo de evangelização a portas abertas; e ainda alguns outros, que divergiam por preferências aos dois outros setores da Doutrina, científico e filosófico, mais atraentes e menos exigentes ao foro íntimo.

E, ainda, por último, alguns que até hoje existem e que negam a evidência de sua utilidade mais que demonstrada, fazendo-lhe reparos inconsistentes.

Mas essas reservas são naturais e compreensíveis, considerando-se a extensão do campo doutrinário e a liberdade que a todos é assegurada de opinar e aceitar o que mais agrada mas, o certo é que essas reservas não influíram na aceitação da Escola, que vem sendo compreendida e apoiada por milhares de alunos que já passaram por ela neste longo tempo transcorrido e continuam passando.

O Evangelho de Jesus ensina que os homens "moralmente velhos" devem transformar-se em "novos", isto é, recuperados, evoluídos, e essa recomendação, como é natural que o seja, é também da própria Doutrina desde sua codificação.

Mas, para que a transformação se torne efetiva, exige a eliminação de vícios, defeitos, máculas, costumes e hábitos ruinosos porque esse "homem novo" deve ser purificado de suas imperfeições e impurezas, nem de outra forma jamais existiria a transformação que o Divino Mestre recomendou, a não ser pela continuidade das reencarnações punitivas.

E para que seja verdadeira essa transformação, deve também ser geral, operando-se de dentro para fora no mais íntimo do ser, com o respaldo indispensável e prévia opção do candidato no ato da inscrição.

A reforma íntima, feita desta ou de qualquer forma e, portanto, o processo natural e lógico da transformação, cujos efeitos irão se manifestando aos poucos nos sentimentos, nos pensamentos e nos atos exteriores. Na realização da reforma íntima, positiva e verdadeira, é que estão as dificuldades...

Para se obterem esses resultados positivos, o processo, àquela época, foi adotado e programado de forma a que o esforço a despender pelos alunos fosse amenizado, diluído, se se pode assim dizer, no currículo escolar; ocorresse integrado no próprio funcionamento da Escola, com utilização de vários elementos de apoio e auxílio individual como, por exemplo, os testes periódicos de controle, a caderneta pessoal, os exames espirituais, os atendimentos de necessitados na própria Casa, além de outros, evitando-se assim que o aprendiz ficasse, desde o início, entregue a si mesmo, frente a uma auto-realização como essa, de vulto tão considerável e até mesmo desanimadora em certas ocasiões.

E assim foi feito. Agora, olhando para trás, vemos que a aceitação persiste e amplia-se e os resultados são sempre positivos e seguros, podendo-se, pois, concluir que os fins propostos e visados têm sido atingidos, com um teor médio de perfeição relativa bastante apreciável, salvo poucas exceções, não-atribuíveis à Escola mesma ou ao processo mas, sim, à falibilidade humana, de aprendizes ou de dirigentes.

O índice de aproveitamento cultural foi bom mas, muito melhor, o das transformações morais — que é o fundamental — obtidos pela quase totalidade dos alunos, a maior parte dos quais modificou realmente sua conceituação de vida, afinando-se bem com os ensinamentos do Divino Mestre, muitos deles produzindo no meio social obras meritórias, praticando uma vivência evangélica conscienciosa e racional, bastante aproximada daquela que o Evangelho aponta e exige dos servidores "escolhidos".

Pode-se dizer que todos os alvos e finalidades da Escola foram atingidos, salvo poucas exceções, tanto na Federação Espírita do Estado — onde foi criada — como fora dela; e, aqui e ali, seu número aumenta amplamente e as turmas se sucedem umas às outras, com inscrições espontâneas e mais ou menos numerosas, segundo o vulto do movimento da Casa onde funciona.

Um quarto de século de aceitação pública e de resultados bastante apreciáveis, individual ou coletivamente, devem ser suficientes para provar que este tipo de escolas são instituições respeitáveis e proveitosas, que merecem ser incentivadas, multiplicadas e protegidas em nosso país, para a mais ampla e perfeita difusão da Doutrina dos Espíritos neste setor religioso que, no momento que vivemos é inegavelmente, o mais importante.

Para julgar uma instituição como esta, o exigível será medir sua capacidade de reformar os homens, purificando-lhes a alma, impulsionando-os na evolução, pois que esta é a transformação a que o Divino Mestre se referiu.

E para os 25 anos de bons resultados e benefícios que a Escola produziu, esta deve ser a vara de sua medida.

62

INSTRUÇÕES PARA ATENDIMENTOS EM GERAL

Em períodos como o atual, de desorientação social e doméstica, as pessoas têm mais possibilidades de demonstrar realmente seus sentimentos e pendores, acossadas pelos acontecimentos; há mais oportunidades para isso e mais motivações.

Este período é também cármico-mediúnico, muito intenso e em franca efusão, que aumenta a responsabilidade dos médiuns na execução de seus deveres em relação ao próximo, devendo evitar informações superficiais, penetrar mais fundo nos problemas dos consulentes ou assistidos, evitando também agir por opiniões ou conclusões ligeiras, afastadas muitas vezes das verdadeiras realidades.

É preciso examinar cada caso com profundidade, tendo em conta, mais que tudo, o ser humano em si mesmo e em suas relações com seus parceiros de ligações cármicas, formando juízo somente após examinar bem a posição de cada um dos envolvidos nos problemas familiares, ou sociais.

Ter em vista que a mediunidade está sempre presente, em maior ou menor evidência, como força ligada ao Alto, que age num ou noutro sentido; considerando também a hora excepcional que vivemos, quando tudo e todos serão julgados e submetidos ao selecionamento rigoroso necessário à formação da humanidade nova da Terra.

Obras de Edgard Armond:

Alerta aos Médiuns - Coordenação
Alguns Aspectos da Vida em Júpiter
Almas Afins
Amor e Justiça
Apocalipse de João (O)[1]
Aprendizes (Aos)
Aprendizes do Evangelho (Para os)
Caminhos do Espírito
Comentando Pensamentos Construtivos
Comentários Esotéricos
Comentários Evangélicos I a VI
Como Ensinar Religião às Crianças - Colaboração
Considerações sobre o Apocalipse de João[1]
Contos Espiritualistas
Contribuições ao Estudo da Mediunidade[4]
Cortina do Tempo (Na)
Cromoterapia
Curas Espirituais
Demonologia
Desenvolvimento Mediúnico
Dias Finais (Os)[1]
Difundindo o Evangelho[1]
Discípulos de Jesus (Aos)
Dupla Personalidade (A) = O Estranho Caso de Rose Ramires
Enquanto é Tempo
Época de Transição[1]
Espiritismo (O que é)
Espiritismo e a Próxima Renovação (O)
Espiritismo e Comunismo
Espiritismo e Esoterismo
Espiritismo e o Divórcio (O)
Espiritismo. Religião Redentora
Estudos e Temas = fascículo IX de "Iniciação Espírita"
Exilados da Capela (Os)
Falando ao Coração
Fraternidades do Espaço[3]
Guia do Aprendiz
Guia do Discípulo
Histórico dos Trabalhos de Curas Espirituais na FEESP
Hora do Apocalipse[1]
Iniciação Espírita - Coordenação
Lendo e Aprendendo
Libertação Espiritual
Livre Arbítrio (O)
Margens do Rio Sagrado (Às)
Mediunidade
Mediunidade Prática[5]
Mediunidade de Prova
Mediunidade Tarefa
Mensagens
Mensagens e Instruções
Missão Social dos Médiuns[4]
Normas Básicas para Orientação Espírita
Novos Processos de Interc. e Aperf. p/ Curas Espirituais
Passes e Radiações
Pensamentos em Prosa e Verso
Prevalência do Espiritismo Religioso[2]
Psiquismo
Questão do Divórcio (A)
Redentor (O)
Relembrando o Passado
Religião Redentora
Religiões e Filosofias[2]
Respondendo e Esclarecendo
Salmos
Salmos - opúsculo
Seara do Evangelho (Na)
Semeadura I (Na)
Semeadura II (Na)
Separações Conjugais à luz do Espiritismo
Tiradentes Missionário
Trabalhos Práticos de Espiritismo
Valor das Mensagens (O)
Verdades e Conceitos I
Verdades e Conceitos II
Verdades e Conceitos - opúsculo
Vida de Jesus (A)
Vivência do Espiritismo Religioso

[1] Agrupados sobre o título *A Hora do Apocalipse.*
[2] O texto Prevalência do Espiritismo Religioso foi incluído pelo autor na obra Religiões e Filosofias.
[3] Incluido em Vivência do Espiritismo Religioso.
[4] Incluido em Mediunidade.
[5] Obra ampliada e atualizada pelo autor, recebendo o título de *Desenvolvimento Mediúnico.*

Conhecer a vida e obra do Dr. Bezerra é viver com emoção o Espiritismo em suas bases kardecistas.

Não deixe de ler.

Impressão e Acabamento
Com fotolitos fornecidos pelo Editor

EDITORA e GRÁFICA
VIDA & CONSCIÊNCIA

R. Santo Irineu, 170 • São Paulo • SP
✆ (11) 549-8344 • FAX (11) 571-9870
e-mail: gasparetto@snet.com.br
site: www.gasparetto.com.br